Joachim-Ernst Berendt

Klang der Seele

W0046336

HERDER spektrum

Band 4983

Das Buch:
„Wir verstehen nur die Hälfte der Welt, wenn wir sie nur immer sehend begreifen wollen." – Buchklassiker wie *Nada Brahma. Die Welt ist Klang* oder *Das dritte Ohr. Vom Hören der Welt* machten den Jazzpapst und Bestsellerautor Joachim-Ernst Berendt spätestens Anfang der 80er Jahre zum „Propheten" und „Meister des inneren Hörens". Die lebenslange Beschäftigung mit dem Klang und den Klängen der Welt ließ in ihm die Einsicht reifen, daß der Weg zu wahrer Natur- und Selbsterkenntnis über das Ohr geht. Gerade aber in der westlichen Welt wird das Auge immer mehr zum dominanten Sinn der Wahrnehmung, alles wird visualisiert – darüber geht die feine Balance der Wahrnehmung von Welt, Natur und Menschen verloren. Der visuelle Sinn aber besitzt eine wesentlich begrenztere Wahrnehmungsfähigkeit.

Hingegen wird das Ohr in fast allen und vor allem östlichen alten spirituellen Traditionen mit einer tiefen Entsprechung zu Erkenntnis, Mitgefühl und Friedfertigkeit in Verbindung gebracht. Die Welt des Hörens macht uns kreativer, bringt uns dem Kern des Universums näher und vermag sogar transzendente Zonen der Wahrnehmung zu öffnen. Wieder hören zu lernen, im Ohr das Tor und den Tempel der Seele wiederzufinden, darin erkennt Joachim-Ernst Berendt das eigentliche Ziel seines Lebensschaffens. Dieses Buch spürt dem Zusammenhang von Musik, Klang und Spiritualität nach. Berendts umfangreiche schriftstellerische Tätigkeit spiegelt sich in Essays, Reflexionen, poetischen Texten und praktischen Hörübungen.

Der Autor:
Prof. h.c. Joachim-Ernst Berendt, 1922 in Berlin als protestantischer Pfarrerssohn geboren, 1945 Mitbegründer des Südwestfunks, Autor von über 30 Büchern – darunter *Das Jazzbuch*, mit einer Gesamtauflage von 1,5 Mio. das meistverkaufte Musikbuch der Welt –, Gründer und Leiter vieler internationaler Festivals. Zahlreiche Auszeichnungen, darunter das Bundesverdienstkreuz, zweimal den Bundesfilmpreis, den Kritikerpreis des Deutschen Fernsehens und den Polnischen Kulturpreis. Vortragstourneen und Seminare über den Jazz, die Psychologie, Phänomenologie und Spiritualität des Hörens. Joachim-Ernst Berendt, der in Baden-Baden lebte und zum vorliegenden Buch noch editorische Anmerkungen machte, starb am 4. 2. 2000 an den Folgen eines Verkehrsunfalls in Hamburg.

Der Herausgeber:
Dr. Richard Reschika, geb. 1962, lebt als freier Lektor, (Rundfunk-)Autor und Übersetzer in Freiburg i. Br.

Joachim-Ernst Berendt

Der Klang der Seele

Musik und Spiritualität

Herausgegeben und
eingeleitet von
Richard Reschika

HERDER
Freiburg · Basel · Wien

Gedruckt auf umweltfreundlichem,
chlorfrei gebleichtem Papier

Alle Rechte vorbehalten – Printed in Germany
© Verlag Herder Freiburg im Breisgau 2000
Satz: Rudolf Kempf, Emmendingen
Herstellung: Freiburger Graphische Betriebe 2000
Umschlaggestaltung und Konzeption:
R·M·E München / Roland Eschlbeck, Liana Tuchel
Umschlagbild: © IMAGE BANK BILDAGENTUR GMBH
ISBN 3-451-04983-X

Inhalt

Einleitung:
Joachim-Ernst Berendt –
Meister des inneren Hörens 7

Der eine Ton 12

I Die Legenden und Mythen der Völker
haben es schon immer gewußt:
Gott schuf die Welt aus dem Klang 13

II „Bevor wir die Musik machen,
macht die Musik uns" – Vom Makro-
zum Mikrokosmos 26

III Ich höre – also bin ich 55

IV Weltmusik und Welt-Musik 89

V Musikalische Orte 99

VI Lieben Sie Brahms? 104

VII Orpheus – Von Liebe singen aus der
Erfahrung des Todes 113

VIII Musik als Opfer 117

IX Musik überschreitet. Gewiß. Aber welche? 120

X Lobsingend wachsen! 132

XI Hör-Übungen 149

Nur keine Wände zwischen uns und Gott 154

Quellennachweis 156

Einleitung:
Joachim-Ernst Berendt –
Meister des inneren Hörens

„Die wirkliche Musikalität musikalisiert die ganze Welt,
und das geht sogar noch über die Musikkulturen
der Länder und Völker hinaus;
es bezieht sich auf das Hören schlechthin:
auf das Rauschen des Meeres, den Gesang der Vögel."

Joachim-Ernst Berendt

„Niemand in unserem Jahrhundert ist so tief in das Wunder des Hörens eingedrungen wie Joachim-Ernst Berendt", schrieb der Philosoph Arnold Graf Keyserling über den Musikexperten, zu dessen Verehrern nicht nur Jazzmusiker aus aller Welt, sondern auch Berühmtheiten wie Sir Yehudi Menuhin oder Fritjof Capra zählten. Ein Mann, der sich mit gutem Recht in keine Schublade stecken ließ: Titulierungen wie „Jazzpapst", „Vater der modernen Weltmusikbewegung" oder „New-Age-Apostel" mögen zwar ein Teil von ihm gewesen sein, umschreiben den Autor von über 30 Büchern, Mitbegründer des Südwestfunks, Plattenproduzenten, Festivalleiter oder Erfinder der Klang- und Hörarbeit aber nur unzureichend.

Vor allem die Bezeichnung „Jazzpapst" wies Berendt – obgleich der Vorkämpfer des Bebop, Cool- und Free-Jazz in Deutschland diesen Ehrentitel durchaus verdient – mit der witzigen Begründung, daß der Papst ja nicht „swinge", weit von sich. Denn die Faszination, die vom Phänomen Berendt ausgeht, verdankt sich erst der Synergie aller Komponenten seines überaus reichen Lebens. Eines 77 Jahre währenden Lebens, das am 4. Februar 2000 infolge eines Verkehrsunfalls in Hamburg ein jähes, tragisches Ende fand, das sich jedoch aufgrund seiner mächtigen Strahlkraft zweifellos ins kollektive Gedächtnis der Menschen eingeschrieben haben dürfte: „In Joachim-Ernst Berendt verkörpert sich eine im besten Sinn interreligiös-esoterisch-politische Spiritualität, die ihre Wurzeln ebenfalls in der christlichen Tradition hat, aber erst aus der Verbindung naturwissenschaftlicher Erkenntnisse, politischem Engagement, fernöstlicher Religiosität und eigener Meditationspraxis ihre wesentliche Prägung bekam." *(Bernd Winkelmann, Damit neu werde die Gestalt dieser Erde)*

Am 22. Juli 1922 als protestantischer Pfarrerssohn in Berlin-Weissensee zur Welt gekommen, machte Berendt seine erste Bekanntschaft mit der Musik an der Orgel der väterlichen Kirche. Mit bedingt durch die strenge Erziehung seines widerständigen Vaters, den die Nazis mehrmals inhaftierten und schließlich in Dachau umbrachten, fand er schon früh in der Musik, das heißt vor allem im damals verbotenen Jazz, einen Fluchtpunkt. Als er 1941 zum Wehrdienst einberufen wurde, mußte er sein Physikstudium abbrechen.

Nach Kriegsende gehörte Berendt zu den Mitbegründern des Südwestfunks in Baden-Baden, wo er von 1950 bis zu seiner Pensionierung 1987 die Jazzabteilung leitete und mehr als 10 000 Jazz-Sendungen gestaltete und moderierte. 1962 rief Berendt das legendäre Tournee-Unternehmen „American Folk & Blues Festival" ins Leben und gründete zwei Jahre später die „Berliner Jazztage", denen er bis 1972 als Leiter vorstand. Vornehmlich die enge Freundschaft zum Jazzsaxofonisten John Coltrane inspirierte Berendt zu einer selbst produzierten Plattenreihe und 1967 zum ersten Weltmusik-Festival „Jazz meets the World" in Berlin. Seinem unermüdlichen Engagement für den Jazz verdankte Berendt 1984 schließlich die Verleihung des Bundesverdienstkreuzes sowie in der Folge andere namhafte Auszeichnungen und Preise.

Mit Buchklassikern wie *Nada Brahma. Die Welt ist Klang* oder *Das Dritte Ohr. Vom Hören der Welt* mutierte „Mister Jazz", für den diese Musik stets auch ein Ausdruck politischen Protests blieb, dann spätestens seit Anfang der 80er Jahre zum „Propheten" beziehungsweise „Meister des inneren Hörens". An die Stelle von Charlie Parker und Ornette Coleman traten Planetentöne, Weltmusik, Oberton-Singen sowie zusehends philosophische Fragen des Hörens: „So faßlich, werbend und persönlich einnehmend Berendt über Jazz reden und schreiben konnte, so überzeugend spricht er jetzt von seinen inneren Wegen, von Meditation, Spiritualität, Wiedergeburt, von Wach- und Traumerfahrungen . . . In allen Häutungen blieb er erkennbar als der Musik-, nicht nur Jazzexperte, als politisch wacher, hinter die äußere Wirklichkeit blickender und hörender Autor. Als schier unerschöpflich zitierender Sammler musikalischen, physikalischen, esoterischen Wissens, fernöstlicher, indianischer, afrikanischer Weisheit." *(Herbert Glossner, Das Sonntagsblatt)*

Die lebenslange Beschäftigung mit dem Klang und den Klängen der Welt ließ in ihm die Einsicht reifen, daß der Weg zu wahrer Natur- und Selbsterkenntnis vorrangig über das Ohr geht. Denn alles in der Welt, alles Sein, ist Klang und Rhythmus – von den harmonisch schwingenden Protonen und Neutronen der Materie über die „singenden" Grashalme einer Bergwiese bis hin zu den „Urtönen" der Planeten. „Wir verstehen nur die Hälfte der Welt, wenn wir sie nur immer sehend begreifen wollen." Berendt zufolge lebt gerade der westliche, vom rationalistisch-mechanistischen Denken geprägte Mensch seit rund 300 Jahren zu sehr durch seine Augen und vernachlässigt sträflich seinen edelsten Sinn: das Ohr. Die feine Balance der Wahrnehmung von Welt, Natur und Menschen wird verloren, die „Fülle des Seins" nicht mehr erfahren, die „Demokratie der Sinne" bedroht. Dabei besitzt der visuelle Sinn – mittlerweile wissenschaftlich erwiesen – nicht nur eine wesentlich begrenztere Wahrnehmungsfähigkeit und unterliegt eher Täuschungen als der auditive; er ist auch unmittelbar mit Entzweiung und Aggression verbunden. Die vorrangig visuelle Orientierung des Menschen in der modernen Kultur trübt und verfälscht unsere Wahrnehmung.

Hingegen wird dem Ohr, mit guten Gründen, in fast allen alten spirituellen Traditionen, vornehmlich den östlichen, eine tiefe Entsprechung zu Erkenntnis, Mitgefühl und Fried-fertigkeit nachgesagt. Daran anzuknüpfen bedeutet für den modernen Menschen die große Chance, sich wieder in Einklang mit der Welt zu bringen: Die zauberhafte Welt des Hörens macht uns kreativer, bringt uns dem Kern des Universums näher und vermag sogar transzendente Zonen der Wahrnehmung zu eröffnen. „Das Ohr ist der Weg" – lautet nicht von ungefähr ein Weisheitsspruch der altindischen Upanischaden. „Wir beginnen zu verstehen (so Yehudi Menuhin über Berendts letzte Arbeiten), daß das Leben nicht nur aus Fühlen und Sehen besteht."

Wieder hören zu lernen, im Ohr das Tor und den Tempel der Seele wiederzufinden, darin erkennt Berendt das eigentliche Ziel seines Lebensschaffens: „Klang und Musik sind Wegweiser zum Hören auf die eigene innere Stimme." Eine solche „Erziehung zum Hören" kann Berendt zufolge den Menschen nicht nur liebes- und lebensfähiger, sondern zugleich kreativer und spiritueller machen. Der hörende Mensch, der behutsam nach innen lauscht, anstatt seine Sinne, vor allem das Auge, beständig nach außen zu richten – dies ist die Vision, die Berendt in seinem Spätwerk verwirklichen helfen will. „Berendt ist leise, um das Ohr zu öffnen, das für ihn das Tor zur Seele ist. Wenn wir nicht wieder lernen zu hören, sagt er, haben wir dem alles zerstörenden mechanistischen und rationalistischen Denken gegenüber keine Chance mehr. Der ,Jazzprofessor' auf Abwegen? Nein, es ist immer derselbe Weg, den Berendt gegangen ist und der seinen Sendungen und Büchern in Millionenauflage diese Intensität gibt: Die Suche nach der Harmonie zwischen Wissenschaftlern, Künstlern und Religionen." *(Elke Heidenreich, Westdeutscher Rundfunk)*

Das vorliegende Buch bietet einen repräsentativen Querschnitt durch Joachim-Ernst Berendts umfangreiche schriftstellerische Tätigkeit, die dem Zusammenhang von Klang, Musik und Spiritualität nachspürt, ihm, genauer gesagt, wieder Gehör schenkt: Essays stehen neben lyrischen Versuchen und praktischen Hörübungen. Dem wenige Wochen vor seinem Ableben geäußerten Wunsch des Autors entsprechend, vereinigt das neue Berendt-Lesebuch *Klang der Seele. Musik und Spiritualität* vor allem Textauszüge aus folgenden Werken: *Das Leben – ein Klang. Wege zwischen Jazz und Nada Brahma. Autobiographie; Ich höre – also bin ich. Hör-Übungen, Hör-Gedanken; Das Dritte Ohr. Vom Hören der Welt; Nada Brahma. Die Welt ist Klang; Hinübergehen. Das Wunder des Spätwerks. Liebe, Schmerz, Angst, Tod, Lobgesang in der Musik; Laß den Fluß strömen. Gedichte* sowie *Es gibt keinen Weg. Nur Gehen. Seinserfahrungen in der Natur.*

Freiburg, im Mai 2000   Der Herausgeber

Der eine Ton

In Armenien – im Süden dessen, was einmal die Sowjet-union gewesen ist – lebte im 18. Jahrhundert ein Ehepaar. Der Mann war ein Cellospieler – einer der Großen seiner Zeit, der alles, was bis damals für sein Instrument komponiert worden war, virtuos beherrschte. Je älter aber er wurde, desto weniger spielte er und desto mehr legte er darauf Wert, dieses wenige in höchster Vollendung der Tongebung zu spielen.

Als er nun ganz alt war, spielte er nur noch einen einzigen Ton, diesen jedoch so wunderbar, wie man es nie zuvor von einem Cello gehört hatte.

Seiner Frau war das langweilig – täglich stundenlang der gleiche Ton! Schließlich wußte sie, welch begnadeten Cellospieler sie zum Mann hatte. Nun geschah es, daß in diese kleine armenische Stadt eines Tages ein Orchester kam und ein Konzert gab. Sie ging voller Erwartung hin, hörte erregt zu, kehrte begeistert zurück und berichtete ihrem Mann: „Es waren sehr viele Cellisten in diesem Orchester, und sie spielten rauf und runter, viele verschiedene Töne – und du spielst immer nur den einen Ton."

Darauf der Mann: „Sie suchen den Ton."

aus: Geschichten wie Edelsteine

I
Die Legenden und Mythen der Völker
haben es schon immer gewußt:
Gott schuf die Welt aus dem Klang

Hafiz, einer der großen Poeten des alten Persiens, berichtet
die folgende Legende: „Gott machte eine Statue aus Ton. Er
formte den Ton nach seinem Bilde. Er wollte, daß die Seele in
diese Statue eingehe. Aber die Seele wollte nicht gefangen
sein. Denn es liegt in ihrer Natur, daß sie fliegend ist und frei.
Sie will nicht begrenzt und gebunden sein. Der Körper ist ein
Gefängnis, und die Seele wollte dieses Gefängnis nicht be-
treten. Da bat Gott seine Engel, Musik zu spielen. Und als die
Engel spielten, wurde die Seele ekstatisch bewegt. Sie wollte
die Musik noch klarer und unmittelbarer erfahren, und deshalb betrat sie den Körper." Hafiz sagt: „Die Leute sagen, daß
die Seele, als sie dieses Lied hörte, den Körper betrat. Aber in
Wirklichkeit war die Seele selbst das Lied."

„Dies" – so Sufi Hazrat Inayat Khan – „ist eine wunderbare Legende. Aber noch wunderbarer ist das, was sie bedeutet.
Denn sie erklärt uns zwei Gesetze. Das eine liegt darin, daß
die Seele ihrer Natur nach frei ist und daß die Tragödie des
Lebens in der Abwesenheit dieser Freiheit liegt. Und die andere Bedeutung der alten persischen Legende liegt darin, daß
der einzige Grund, aus dem die Seele den Körper aus Ton und
toter Materie betrat, eben der war, daß sie die Musik des Lebens erfahren wollte."

Immer wieder haben wir gefunden: Die Sprache „weiß"
mehr, als die, die sie sprechen. Die beiden ersten Sätze der Legende des weisen Dichters Hafiz lauten:

„Gott machte eine Statue aus Ton.
Er formte den Ton nach seinem Bilde."

Da ist es also auch hier wieder: das Wort „Ton" – in seiner Vieldeutigkeit. Der Töpfer formt den Ton – und es entsteht: eine Statue. Der Musiker formt den Ton – und es entsteht: Musik. Gott formt den Ton – und es entsteht: die Welt. Jedesmal ist „Ton" Ur-Stoff, Ur-Bestandteil, Ur-Materie dessen, was wir Schöpfung nennen: Ur-Spannung. Nochmals: tonox, griechisch, bedeutet auch: Spannung. Im Anfang war der Ton. Der Ton als *lógos*. Das „Es werde" Gottes am Anfang der jüdisch-christlichen Schöpfungsgeschichte war zuerst einmal Ton und Klang. Die Sufis, die Mystiker des Islam, wissen: Gott schuf die Welt aus dem Klang.

Sagen und Mythen, Legenden und Märchen, in denen die Welt als Klang begann, gibt es bei vielen Völkern der Erde, bei Azteken und Eskimos, bei Persern und Indern und Malayen – in solcher Fülle, daß hier nur wenige genannt werden können.

In Ägypten war es die „singende Sonne", welche die Welt durch ihren „Lichtschrei" schuf. In einem alten ägyptischen Text heißt es, daß es „die Zunge des Schöpfers" gewesen ist, durch die „alle Götter und alles, was ist, geboren wurden . . . *Autum* und alles, was göttlich ist, manifestieren sich selbst im Gedanken des Herzens und im Laut der Zunge . . .", wobei es aufschlußreich ist, daß in der ägyptischen Hieroglyphen-Schrift das Zeichen für „Zunge" auch „Wort" bedeutet. Die Zunge ist es ja, die den Klang formt, der seinerseits wiederum das Wort trägt. Hier findet man sie also schon in der Schrift: die fließenden Übergänge zwischen dem mantrischen Klang und dem gesprochenen Wort. In einer anderen ägyptischen Überlieferung war es Thoth, der Gott des Wortes und der Schrift, des Tanzes und der Musik, welcher die Welt durch sein siebenmal wiederholtes „lachendes Wort" schuf.

„Unhörbar und unbewegt – so sagt die Mythologie der Azteken Mexikos – war der Schöpfer. Ein Eisberg! Stumm wie ein Stein. Doch eines Tages warf er den Berg von sich, er brach sein Schweigen, weil er seinem tiefsten Wunsch, Welt und Menschen zu erschaffen, nicht mehr widerstehen konnte. Da sang er: Diese Welt soll sein! Und die Welt entstand" (Marius Schneider).

Bei fast allen Völkern der Erde stehen Musik und Göttliches in engem Zusammenhang. Viele Ragas – die Skalen der indischen Musik – haben einen religiösen Sinn, einige sind exakt auf bestimmte Götter und deren Wiederverkörperungen bezogen. Ähnlich ist es bei den Rhythmen der meisten afrikanischen Kulturen, etwa denen der westafrikanischen Yorubas, deren Rituale in den in Brasilien weitverbreiteten *Macumba*- und *Candomblé*-Kulten lebendig geblieben und deren Musik die Basis der brasilianischen Samba- und Karnevals-Rhythmen geworden ist. Auch heute noch wissen viele brasilianische Schlagzeuger und Perkussionisten – sogar solche, die in den Studios der Fernseh- und Rundfunk-Stationen arbeiten –, welcher Rhythmus welchem „Gott" „gehört". Diesen Ausdruck gebrauchen sie: Der Rhythmus „gehört" dem Gott. Als ich Mitte der sechziger Jahre mit den brasilianischen Perkussionisten Rubens und Georghingho Aufnahmen machte, fingen die beiden mit einem Mal an, zu jedem der verschiedenen Rhythmen, die sie gerade trommelten, den Namen des Gottes zu rufen, der durch den betreffenden Rhythmus beschworen wird. Zuerst Xango, den großen Gott des Donners und des Krieges, den Wodan am Götterhimmel der Yorubas – dann *Nana*, die Göttin der Liebe (deren Name von Georghingho mit besonderer Zärtlichkeit ausgesprochen wurde) – darauf *Omulu*, den Gott der Kranken (von Rubens *To-to* genannt). Ich war erschrocken über die Intensität, mit der sie das taten. Jeder im Studio spürte: das war ihnen jetzt wichtig. Das mußte jetzt sein. Es war ein Ritual, wenn auch ein kleines: nur noch gleichsam die Chiffre eines *Macumba*-Ritus, den sie – zumindest als Chiffre – jetzt brauchten. Und danach machten sie, professionelle Musiker, die sie sind, sachlich und zügig weiter, wenngleich mit einer Gelöstheit, die sie vorher – so schien es uns – in so spürbarer Weise nicht besessen hatten.

In Indien war Prayapati, der vedische Schöpfergott, letztlich selbst Hymnus und Lied. „Die Rhythmen", so heißt es, „sind seine Glieder", das heißt die Glieder des Gottes, der die Welt geschaffen hat! „Die ersten Opfergaben und die ersten

Götter waren Metren, und auch die sieben Urväter der Menschheit waren Rhythmen" (Marius Schneider). In der Aitareya-Upanischade werden Rhythmen mit Pferden verglichen: Wie man auf Erden mit Pferden und Ochsen reist, um sein Ziel zu erreichen, so braucht man Rhythmen und Metren, um himmlische Ziele zu erreichen. Von Gott Brahma wird gesagt: „Er meditierte hunderttausend Jahre, und das Ergebnis der Meditation war die Erschaffung von Klang und Musik."

Der erste Schöpfungsakt also war die Erschaffung des Klanges. Alles weitere folgte danach und dadurch.

In Platos berühmtem Dialog „Timaios" heißt es: Der Weltschöpfer habe die Weltseele – und das heißt bei Plato: die Idee des Kosmos – nach musikalischen Zahlenfolgen und Proportionen zusammengefügt. Und der göttliche Sänger Orpheus, der selbst Gott war, konnte durch seine Musik sogar die ungeformte Materie in Formen gießen (und Form – das heißt für die Griechen: gestaltete Schönheit).

Im polynesischen Raum – auf Samoa, Tahiti, Hawaii – gab es ursprünglich – bevor all die anderen Gottheiten hinzukamen – drei große Götter. Sie erschufen die Welt: Tane, Tu und Rongo (beziehungsweise auf Hawaii Lomo); auch hier eine Trinität –, alle drei haben mit Klang zu tun. Tanes Sinnbild war das Horn, dasjenige Tus die Tritonmuschel, und Rongo war der eigentliche Gott von Klang und Laut, der – eben deshalb! – Menschenopfer verabscheute und als der mildeste und beliebteste der Götter galt.

In der Vorstellung vieler Völker der Erde war es Gott – oder mehrere Götter –, die ursprünglich die Musik geschaffen und auf dem einen oder anderen Wege an die Menschen weitergegeben haben, meist durch einen besonders begnadeten Mittler. Für den afrikanischen Stamm der Ibuzo in Nigeria war dieser Mittler ein Sänger namens Orgadié. Der hatte sich im Walde verirrt und hörte die Klänge der Musik von den Geistern und Göttern der Bäume im Dschungel. Sie machten Musik auf Zweigen und Ästen und Stämmen, in Halmen und Gräsern, im Laub und in Lianen. Orgadié versteckte sich, hörte zu, versuchte nichts zu vergessen und brachte alles mit in sein Dorf.

Theo Meier und Ernst Schlager haben nach der Erzählung eines alten Brahmanen-Priesters die folgende balinesische Legende aufgezeichnet: „Gott Shiva saß einst auf dem Berge Mahameru . . . Da hörte er aus der Ferne sanfte Töne, wie sie ihm nie zuvor begegnet waren. Er rief den Weisen Narada zu sich und sandte ihn nach den Einsiedeleien des Himalaya mit dem Auftrag, zu erforschen, woher die Töne kämen. Narada machte sich auf den Weg und kam schließlich zur Einsiedelei des Weisen Dereda. Dort klangen die Töne stärker. Er trat ein. Der Einsiedler erklärte ihm, daß die wundersamen Töne in der Tat ihren Ursprung auf seinem Gelände hätten. Die Einsiedelei sei von einem Bambushag umgeben. Er habe die Bambusrohre durchlöchert und miteinander verbunden. Wenn der Wind in die Löcher blase, erklängen die verschiedensten Töne. Er sei so entzückt von seiner Entdeckung gewesen, daß er eine ganze Reihe durchlöcherter Bambusrohre als *sunari* – als Äolsharfen-artige Klangkörper – auf einem Baum befestigt habe – zu keinem anderen Zweck als dem, fortwährend Wohllaut zu erzeugen.

Narada kehrte zum Gott Shiva zurück und berichtete ihm, was er erfahren hatte. Shiva beschloß, daß diese Bambus-Klangkörper die Grundlage der Musik auf Bali werden sollten. Durch sie werde den Menschen die Möglichkeit gegeben, auf eine neue Weise den Göttern Verehrung entgegenzubringen und sie zu erfreuen. Dies vernahmen alle balinesischen Priester.

Und während früher die Musik chaotisch war, wurde sie nunmehr durch den Gott Shiva in ein geordnetes System gebracht."

Eine besonders bewegende Legende darüber, wie Klang, Musik und Tanz das Chaos, das nach der Erschaffung der Welt eingetreten war, wieder in Ordnung und Harmonie bringen, kommt aus Japan. Sie erzählt, wie Amaterasu, die Göttin der Sonne, sich in eine Höhle einschloß. Die Welt wurde dadurch immer kälter und unwirtlicher, es gab kein Sonnenlicht mehr, alles schien in Chaos zu versinken. Da nahm Gott sechs riesige Bögen, band sie zusammen und schuf auf diese Weise die erste Harfe. Auf ihr spielte er wunderschöne Melodien. Von ihnen angelockt, erschien die reizende Nymphe Ameno-Uzume. Hingerissen von der Harfenmusik begann sie zu tanzen – und schließlich auch zu singen. Die Sonnengöttin Amaterasu wollte die Musik, die von ferne zu ihr drang, besser vernehmen. Deshalb schaute sie aus ihrer Höhle hervor, und im gleichen Moment erstrahlte die Welt im Licht. Die Sonne wurde sichtbar und spürbar – und Blumen und Pflanzen und Bäume begannen zu wachsen. Und Fische und Vögel, Tiere und Menschen betraten die von Licht erfüllte Erde. Die Götter aber beschlossen, fortan Gesang und Tanz zu pflegen, damit die Sonnengöttin nie mehr in ihre Höhle zurückkehre, denn sie wußten:

Es war zwar die Sonne, durch die das Leben begonnen hatte, aber ohne die Harfenmusik der sechs großen Bögen und ohne den Gesang der Nymphe Ameno-Uzume hätte sich Amaterasu, die Göttin der Sonne, nie auf ihrem himmlischen Thron niedergelassen. Sie wäre ewig in ihrer Höhle geblieben. Und also war es der Klang, waren es Musik und Tanz, mit denen die Welt begann.

Weil Gott die Welt aus dem Klang erschaffen hat und weil Klang und Musik den Menschen von Göttern gegeben wurden, ist es immer wieder die Musik, in deren Klängen der Mensch Aufschluß über den Willen Gottes und die tiefsten Geheimnisse der Schöpfung findet. In China gibt es die Geschichte des großen Taoisten Huan Yi, der nicht nur ein erleuchteter Weiser, sondern auch ein wunderbarer Flötenspieler war. Ein taoistischer Würdenträger hatte erfahren, daß Huan Yi in seiner Nähe vorbeireisen würde, und sandte einen Boten mit der Bitte, doch zu ihm zu kommen und ihn an seiner Weisheit teilhaben zu lassen. Da „stieg Huan Yi von seinem Wagen, setzte sich auf einen Stuhl und spielte dreimal die Flöte. Danach stieg er wieder auf den Wagen und fuhrt davon." Die beiden sprachen kein einziges Wort miteinander, aber der Würdenträger – so berichtet die Überlieferung – war von nun an ein Wissender.

Es gibt auch eine Zen-Version dieser Geschichte. Als Kakua, einer der frühen Pioniere des Buddhismus in Japan, aus China zurückkehrte, bat ihn der Kaiser, ihm alles, was er in China an Weisheit erfahren habe, zu erzählen. Kakua holte seine Shakuhachi – eine Bambus-Flöte – hervor, spielte eine Melodie, verneigte sich höflich und ging davon. Der Kaiser aber hatte erfahren, was er wissen wollte.

Im Islam gibt es bestimmte rituelle Zeremonien, die keinerlei Musik zulassen. Sufi Hazrat Inayat Khan berichtet ein wunderbares Ereignis aus dem Leben des Heiligen Khwajas von Ajmir. Eines Tages wurde der Heilige von Khwaja Abdul Kadr Gilani besucht, auch er ein großer und geistig fortgeschrittener Meister, der aus Bagdad nach Ajmir gereist war. Der Heilige hielt sehr genau auf Einhaltung der religiösen Vorschriften, und sein Gast wollte diese Vorschriften respektieren. Er verzichtete deshalb auf seine tägliche musikalische Übung. Aber er konnte nicht auf die tägliche Meditation verzichten. Als jedoch die Zeit zum Meditieren kam, erklang die Musik ganz von selbst, und der ganze Hof lauschte ihr. So blieb es auch in den folgenden Tagen. Kadr Gilani griff kein einziges Mal zu seinem Instrument, aber jedesmal, wenn er zu meditieren begann, erklang die Musik. Denn, so kommentiert Hazrat Inayat Khan die Geschichte, „Musik ist Meditation. Und Meditation ist Musik. Und die Erleuchtung, die wir in der Meditation finden, können wir auch in der Musik erfahren."

Ähnlich eine andere Geschichte, die ebenfalls von Sufi Hazrat Inayat Khan erzählt wird: „Eines Tages sagte Kaiser Akhbar, der große Mogul-Herrscher, zu seinem nicht minder berühmten Hofmusiker Tansen: ‚Sage mir, o großer Meister, wer war dein Lehrer?' Der antwortete: ‚Majestät, mein Lehrer ist ein sehr großer Musiker, aber mehr als das: ich kann ihn nicht ‚Musiker' nennen, ich muß ihn ‚Musik' nennen. Der Kaiser fragte weiter: ‚Kann ich ihn singen hören?' Tansen erwiderte: ‚Vielleicht, ich werde es versuchen. Aber Sie können nicht daran denken, ihn hier an den Hof rufen zu lassen.' – ‚Kann ich dorthin gehen, wo er ist?' Der Musiker sagte:

‚Sein Stolz mag sogar dort revoltieren, wenn er denkt, daß er vor einem König singen soll.' – ‚So kann ich als dein Diener gehen.' – ‚Ja, dann gibt es eine Hoffnung', meinte Tansen. So wanderten sie beide hinauf in den Himalaya, in die hohen Berge, wo der Heilige seinen Tempel in einer Höhe hatte, inmitten der Natur lebend in Harmonie mit dem Unendlichen. Als sie ankamen, war der Musiker auf dem Pferderücken, während Akhbar zu Fuß ging. Der Heilige sah, daß der Kaiser sich selbst erniedrigt hatte, um seine Musik zu hören, und willigte ein, für ihn zu singen. Sein Gesang war groß. Es schien, als ob alle Bäume und Pflanzen des Waldes vibrierten; es war der Gesang des Universums. Der tiefe Eindruck, den er auf Akhbar und Tansen machte, war mehr, als sie ertragen konnten; sie gerieten in einen Zustand des Friedens und der Erleuchtung. Und während sie sich noch in diesem Zustand befanden, verließ der Meister die Höhle, und als sie ihre Augen öffneten, war er nicht mehr da. Der Kaiser sagte: ‚Was für ein seltsames Wunder! Wo ist der Meister hingegangen?' Tansen erwiderte: ‚Sie werden ihn niemals in dieser Höhle wiedersehen; denn wenn ein Mensch einmal hiervon einen Geschmack verspürt hat, wird er dem zu folgen versuchen, auch wenn es ihn sein Leben kostet. Es ist größer als irgend etwas sonst im Leben.'

Nachdem sie heimgekommen waren, fragte der Kaiser den Musiker eines Tages: ‚Sage mir, welcher Raga es war, den der Meister sang?' Tansen nannte ihm den Namen des Ragas und sang ihn für ihn, aber der Kaiser war nicht zufrieden. ‚Ja, es ist dieselbe Musik, aber es ist nicht derselbe Geist. Warum ist das so?' Tansen erwiderte: ‚Der Grund liegt darin, daß ich für Euch, den Kaiser dieses Landes, singe, während mein Meister für Gott singt; das ist der Unterschied.'"

„Meister des Tons" wurde ein weiser, alter Mann genannt, den Alexandra David-Néel in einem abgelegenen Kloster, irgendwo im chinesisch-tibetischen Grenzgebiet der Himalayas, traf. In einem Tempel des Klosters spielte der Meister – er trug den Namen Bönpo – ein *Tschang*, das uralte tibetische Klangbecken mit seinen nach oben gebogenen Rändern.

Mit einem Mal „durchzitterte ein unirdischer Klang, einem verworrenen Geschrei ähnlich, die Halle und bohrte sich mir ins Hirn". Die anwesenden Bauern und die Begleiter der europäischen Reisenden schrieen entsetzt auf – und es gab keinen einzigen unter ihnen, der nicht ganz sicher war, eine feurige Schlange gesehen zu haben: „Die Schlange ist aus dem Tschang gekommen, als der Lama daraufschlug", sagte einer von ihnen – und die anderen bestätigten dies. Hinterher erklärte der Lama den Reisenden: „Ich bin der Meister des Tons. Durch den Ton kann ich Lebendes töten und Totes auferwecken . . . Alle Wesen, alle Dinge, selbst die unbelebt scheinenden, geben Töne von sich. Jedes Wesen, jedes Ding bringt einen besonderen, ihm eigentümlichen Ton hervor, doch wandelt sich dieser entsprechend den verschiedenen Zuständen, durch die das Wesen oder Ding, das ihn erzeugt, hindurchgeht. Wieso? Wesen und Dinge sind Zusammenballungen kleinster Teilchen, sogenannter *rdul phra;* diese tanzen und bringen durch ihre Bewegungen die Töne hervor.

Dies sagt die Lehre: Im Anfang war der Wind. Durch sein Wirbeln bildete er die *Gjatams*, die Urformen und den Urgrund der Welt. Dieser Wind tönte, und also war es der Ton, der den Stoff geformt hat. Durch das Tönen dieser ersten *Gjatams* entstanden weitere Formen, die ihrerseits kraft ihres Tönens neue Gestalten hervorbrachten. Und das ist nicht etwa nur eine Mär aus vergangenen Tagen, es ist immer noch so. Der Ton bringt alle Formen und alle Wesen hervor. Der Ton ist das, wodurch wir leben."

Legenden und Mythen kommen für unsere Vorstellungen aus fernen Zeiten. Aber sie kommen nur deshalb dorther, weil wir sie dorthin verbannt haben. In Wirklichkeit sind sie jetzt. Sie entstehen, weil Menschen sie brauchen. Der Rationalist meint, er könne auf Mythen verzichten. Er will nicht verunsichert werden in seinem „Glauben" daran, daß der Verstand alles kann. Aber vielleicht gehört auch das zu der Bewußtseinswandlung, in der wir stehen: Der heutige Mensch will wieder Mythos und Mythisches. Ein Indiz dafür ist der Erfolg von J. R. R. Tolkien, Michael Ende und anderer, ähnlicher Autoren, und die Begeisterung, mit der junge Menschen ihre Bücher verschlingen. Ohne den geringsten Werbeaufwand sind sie zu Bestsellern geworden (die Werbung begann nachweislich erst, als der Welterfolg schon da war, und die Verleger zu ihrer eigenen Überraschung merkten, daß der Aufwand sich lohnte).

Sowohl bei Tolkien im „Silmarillion" wie auch bei Ende in „Momo" gibt es zentrale Passagen, in denen Klang eine entscheidende Rolle spielt. Ich möchte hier nicht mißverstanden werden: Die jungen Leute lesen diese Bücher gewiß nicht wegen dieser Passagen, aber die betreffenden Stellen gehören auf selbstverständliche Weise zu ihrem Lebensgefühl. Rock-Gruppen nennen sich nach Titeln und Gestalten Tolkiens und Endes.

Bei Tolkien, gleich auf den ersten Seiten seines Mythos vom „Silmarillion", beginnt die Welt mit dem „Lied". Als Urvater Ilúvatar den Ainur – den Elben und Urahnen der Menschen – die „lichten Gefilde" der „Leere" zuweist, in denen sie wohnen sollen, sagt er: „Sehet, dies ist euer Lied" . . . Aus dem Thema, das ich euch erwiesen, machet nun in Harmonie gemeinsam eine Große Musik. Und weil ich euch mit der Unverlöschlichkeit Flamme angefacht habe, so zeiget eure Kräfte und führet mir dies Thema aus, ein jeder nach seiner Art und Kunst, wie's ihm beliebt. Ich aber will sitzen und lauschen und froh sein, daß durch euch solche Schönheit zum Liede erwacht.

Da begannen die Stimmen der Ainur zu erschallen wie Harfen und Lauten, Flöten und Posaunen, Geigen und Orgeln, und sie machten aus Ilúvatars Thema eine große Musik; und ein Klang stieg auf von endlos ineinander spielenden Melodien, harmonisch verwoben, und verlor sich in den Höhen und Tiefen jenseits allen Gehörs, und die Räume, wo Ilúvatar wohnt, quollen über, und die Musik und ihr Echo hallten hinaus in die Leere, und sie war nicht mehr leer. Nie wieder haben seither die Ainur eine Musik gleich dieser gespielt, doch heißt es, eine noch schönere solle von Ilúvatar nach dem Ende aller Tage erklingen, von den Chören der Ainur und der Kinder Ilúvatars. Dann werden die Themen Ilúvatars rechtens gespielt werden und das Sein erlangen in dem Augenblick, da sie erklingen, denn alle werden dann ganz verstanden haben, welches für ihr Teil Ilúvatars Absicht ist, und jeder wird wissen, was jeder weiß, und Ilúvatar wird ihren Gedanken das geheime Feuer geben, und er wird sein Wohlgefallen haben."

Auch das Böse manifestiert sich bei Tolkien zuerst musikalisch – ja, letztlich ist es der musikalische Mißklang, der den Mißklang der Schöpfung schafft: „Jetzt aber saß Ilúvatar und lauschte, und lange schien es ihm, daß es gut sei, denn die Musik war ohne Fehl. Wie aber das Thema weiterging, kam es Melkor in den Sinn, Töne einzuflechten, die er selbst erdacht hatte und die nicht zu Ilúvatars Thema stimmten, denn er strebte nach mehr Glanz und Macht für die ihm zugewiesene Stimme . . .

Manche von diesen Gedanken flocht er nun in sein Lied, und Mißklang wuchs um ihn auf, und viele, die nahe bei ihm sangen, wurden unmutig; ihre Gedanken verwirrten sich, und ihr Gesang stockte; manche aber begannen sich auf ihn einzustimmen und von ihrem ersten Gedanken abzuweichen. Nun breitete sich Melkors Mißklang noch weiter aus, und die Melodien, die man zuvor gehört, scheiterten in einem Meer wirrer Töne. Ilúvatar aber saß und lauschte, bis daß es schien, ein Sturm dunkler Wasser tobe um seinen Thron, die in endlosem unversöhnlichem Haß einander bekriegten."

Und in „Momo" gibt es die schöne Geschichte vom „Sternenpendel", das immer wieder neue Knospen und Blüten und Blumen schafft – bei jedem Pendelschlag schöner. Was aber das „Sternenpendel" und die „Lichtsäule", die aus der Kuppel des Himmelsgewölbes herniederstrahlt, eigentlich antreibt, das ist ein Klang: „Anfangs war es wie ein Rauschen, so wie von Wind, den man fern in den Wipfeln der Bäume hört. Aber dann wurde das Brausen mächtiger, bis es dem eines Wasserfalls glich oder dem Donnern der Meereswogen gegen eine Felsenküste.

Und Momo vernahm immer deutlicher, daß dieses Tosen aus unzähligen Klängen bestand, die sich untereinander ständig neu ordneten, sich wandelten und immerfort andere Harmonien bildeten. Es war Musik und war doch zugleich etwas ganz anderes. Und plötzlich erkannte Momo sie wieder: Es war die Musik, die sie manchmal leise und wie von fern gehört hatte, wenn sie unter dem funkelnden Sternenhimmel der Stille lauschte.

Aber nun wurden die Klänge immer klarer und strahlender. Momo ahnte, daß dieses klingende Licht es war, das jede der Blüten in anderer, jede in einmaliger und unwiederholbarer Gestalt aus den Tiefen des dunklen Wassers hervorrief und bildete.

Je länger sie zuhörte, desto deutlicher konnte sie einzelne Stimmen unterscheiden. Aber es waren keine menschlichen Stimmen, sondern es klang, als ob Gold und Silber und alle anderen Metalle sangen. Und dann tauchten, gleichsam dahinter, Stimmen ganz anderer Art auf, Stimmen aus undenkbaren Fernen und von unbeschreibbarer Mächtigkeit. Immer deutlicher wurden sie, so daß Momo nun nach und nach Worte hörte, Worte einer Sprache, die sie noch nie vernommen hatte und die sie doch verstand. Es waren Sonne und Mond und die Planeten und alle Sterne, die ihre eigenen, ihre wirklichen Namen offenbarten. Und in diesen Namen lag beschlossen, was sie tun und wie sie alle zusammenwirken, um jede einzelne dieser Stunden-Blumen entstehen und wieder vergehen zu lassen.

Und auf einmal begriff Momo, daß alle diese Worte an sie gerichtet waren! Die ganze Welt bis hinaus zu den fernsten Sternen war ihr zugewandt wie ein einziges, unausdenkbar großes Gesicht, das sie anblickte und zu ihr redete!"

Weil Gott die Welt durch den Klang schuf, deshalb weist alle Musik zurück auf Gott und die Götter. Deshalb ist alle Musik – zuerst einmal – ein Lob Gottes. Auch dieser Gedanke durchzieht die Musikvorstellungen fast aller Völker der Erde.

Die altindische Mythologie sagt, daß „der Wagen der Sonne eine Deichsel hätte, die nur aus Lobgesängen besteht".

Und im Rigveda des alten Indiens vereinen sich die Ur-Rhythmen und Ur-Klänge zu einem „rauschenden Lobgesang", der „die Schöpfung zum Wachsen und Gedeihen ermutigte" (Marius Schneider). Am schönsten hat diesen Gedanken der Sänger in Worte gefaßt, der am Anfang christlicher und jüdischer Dichtung – und Musik! – steht: der Psalmist. Vor drei Jahrtausenden dichtete er in den vier letzten Gesängen der Psalmen – vom 147. bis zum 150. – die folgenden Verse, die Musiker und Komponisten über die Jahrhunderte hinweg – von Johann Sebastian Bach bis zu Duke Ellington – immer wieder zu Lob- Preis- und Dank-erfüllten Vertonungen inspiriert haben:

„Singet dem Herrn ein neues Lied . . .
Sie sollen loben den Namen des Herrn in Tänzen.
Mit Pauken und Harfen sollen sie ihm spielen . . .
Lobet den Herrn in seinem Heiligtum! . . .
Lobet Ihn in seinen Tagen!
Lobet Ihn in seiner großen Herrlichkeit!
Lobet Ihn mit Posaunen!
Lobet Ihn mit Psalter und Harfe!
Lobet Ihn mit Trommeln und Tänzen!
Lobet Ihn mit Saiten und Pfeifen!
Lobet Ihn mit hellen Becken!
Lobet Ihn mit wohlklingenden Cymbals!
Alles, was Odem hat, lobe den Herrn!
Halleluja!"

> *aus: Nada Brahma: Die Welt ist Klang*

II
„Bevor wir die Musik machen, macht die Musik uns"

Vom Makro- zum Mikrokosmos

Unsere Zeit ist voll großer Entdeckungen, über die in den Medien – in Zeitungen und Zeitschriften, in Funk und Fernsehen – ständig berichtet wird. Aber über eine der größten Entdeckungen unserer Generation spricht kaum jemand: daß sich uns nämlich die Welt in einer eben noch unvorstellbaren Weise als Klang darstellt. Und daß auch und gerade jene Bereiche der Welt, die jahrhundertelang als Inbegriff von Stummheit und Stille erschienen, voller Klänge sind. Professor Dr. Kippenhahn vom Max-Planck-Institut für Astrophysik in Garching bei München schreibt: „Um das Jahr 1960 bat ich in einem Vortrag meine Zuhörer, sich einmal vorzustellen, es gäbe ein Gerät, das die gesamte aus dem Weltall kommende Strahlung in hörbaren Schall umwandelt. Neben dem gleichmäßigen Rauschen des Sternlichts und den Radioausbrüchen der Sonne würde man das Rauschen der damals bekannten Radioquellen hören, anschwellend und abebbend im Rhythmus des Auf- und Untergangs dieser sich mit dem gesamten Himmelsgewölbe an uns vorbeidrehenden, gleichmäßig strahlenden Objekte. Es wäre eigentlich eine recht langweilige Sache gewesen. Heute, zwanzig Jahre später, muß ich das Bild revidieren. Neben der damals bekannten Strahlung würden nun die inzwischen neu entdeckten Quellen das Hörbild vom Weltall bestimmen. Über dem gleichmäßigen Rauschen hört man das sich gegenseitig überlagernde Ticken der Pulsare, den tiefen Brummton des Krebs-Pulsars, dessen Pulse das Ohr nicht mehr einzeln hören kann, und dazwischen schießen andere Röntgenquellen ihre Garben ab, wie etwa die Quelle MXB 1730-335, die aus einem Kugelsternhaufen heraus sehr energiereiche Pulse aussendet, vielleicht ein Dutzend, mit Abständen von 10 bis 20 Sekunden aufeinanderfolgend, dann wieder für Minuten aussetzend, bis die neue Sequenz abgefeuert wird. Es rauscht nicht nur im Weltall, es tickt und trommelt, es summt und knattert. Wahrscheinlich sind es vor allem die Neutronensterne, die für diesen Lärm verantwortlich sind, den unser gedachter Apparat aus der vom Weltall kommenden Strahlung an unser Ohr weitergibt."

Daß der Kosmos voller Klang, voller Sound ist – diese Entdeckung verdanken wir der modernen Radioteleskopie. Die Amerikaner J. Lichtman und Robert M. Sickels bemerken dazu in ihrem „Amateur Radio Astronomer's Notebook": „Die Wissenschaft der Radioteleskopie hat eine ganz neue Dimension des Universums enthüllt. Die Tiefe des Kosmos ist dadurch ein lautstarkes Gezisch und Gezischel von Sounds geworden – Sounds, die durch plötzliche Veränderungen der molekularen und atomaren Energie explodierender Gase – zum Beispiel von neugeborenen Sternen – entstehen . . . Aber auch der riesige Planet Jupiter . . . produziert seine ganz besonderen Geräusche, riesige, schnelle Seufzer wie das intensive Röhren einer fernen Brandung – Stürme wahrhaftig, die in ihrer Intensität des Gottes würdig sind, dessen Name der Planet trägt.

Auch die Sonne macht ihre Geräusche . . . zischende, krachende Klänge, wenn sie im Zustand relativer Ruhe ist, aber brüllende Laute von beängstigender Intensität, wenn sie . . . riesige Mengen von Materie in den Raum spuckt."

Die interessantesten Klangerreger im Kosmos sind die Pulsare – auch pulsierende Sterne oder Neutronensterne genannt. Der erste wurde erst 1967 entdeckt – von Radioastronomen der Universität Cambridge –, und doch wissen wir inzwischen schon eine ganze Menge über diese „Miniatursternchen", die gerade nur einen Durchmesser von zehn bis zwanzig Kilometern haben, aber von so ungeheurer Dichte sind, daß sie die Masse riesiger Weltkörper mühelos erreichen und oft übertreffen. Ein Mensch von etwa 170 cm Größe, so hat Isaac Asimov errechnet, wöge an der Oberfläche eines Pulsars rund 113 Milliarden Tonnen. Ein auf die Erdoberfläche treffender Pulsar würde sofort bis zum Erdkern durchschlagen und auf der anderen Seite wieder herausschießen. In der Tat hat es wahrscheinlich ein solches Ereignis in jüngerer Vergangenheit gegeben: bei den rätselhaften, nie aufgeklärten Verwüstungen am 30. Juni 1908 in der Tunguska-Region in Zentralsibirien. Keinesfalls nämlich können sie, wie man zunächst angenommen hat, durch den Aufprall eines gewaltigen Meteoriten verursacht worden sein; trotz jahrelangen Suchens hat man weder einen Einschlagkrater noch Meteoritentrümmer finden können. Die Wissenschaftler neigen deshalb immer mehr zu der Annahme, daß ein Pulsar diese Katastrophe ausgelöst habe. Träte sie heute ein, schreibt Isaac Asimov, „würde die betroffene Supermacht sofort den atomaren Vergeltungsschlag auslösen, noch ehe man die wahre Natur des Ereignisses erkannt hätte, und die ganze Erde könnte verwüstet werden."

Pulsierende Sterne bestehen aus sogenannter „degenerierter Materie". Sie besitzen unvorstellbar starke Magnetfelder und sind ständig umgeben von wilden elektrischen Wirbelstürmen. Manche Pulsare klingen wie Bongotrommeln, andere wie Kastagnetten, wieder andere wie die ausrutschende Nadel eines Plattenspielers. Die meisten tacken und ticken einfach vor sich hin – seit Millionen von Jahren –, einige auf seltsame Weise rhythmisiert. Es sind „lebende Klänge", die sich oft von Tag zu Tag, ja von Stunde zu Stunde verändern – schrumpfend oder wachsend, sich zusammenziehend oder sich ausdehnend, als stammten sie von lebendigen Wesen. Einer der interessantesten Pulsare befindet sich in der Kassiopeia – 500 Millionen Lichtjahre von uns entfernt –, Überrest einer riesigen Supernova, aber so stark geschrumpft, daß er selbst in den größten Teleskopen der Welt kaum gesehen werden kann; doch seine Sounds sind so kräftig, daß auch die einfache Radioausrüstung eines Amateurs sie leicht empfangen kann. Einige Pulsare strahlen in rasenden Rhythmen, die allerdings zu schnell sind, als daß sie vom menschlichen Ohr als Rhythmus wahrgenommen werden können. Nachvollziehbarer Rhythmus entsteht erst, wenn man eine solche Sternbotschaft, die da aus einer Entfernung von Millionen von Lichtjahren zu uns getrommelt wird, mit reduzierter Bandgeschwindigkeit abspielt – wie es Lichtman und Sickels mit ihren Aufnahmen getan haben.

Das also ist neu in den Umkreis unseres Wissens getreten: Der Kosmos ist voller Klänge und Rhythmen – von Pulsaren und Quasaren, von Supernovae (explodierenden Sternen), von sogenannten „Roten Riesen" und „Weißen Zwergen", von entfliehenden und kollidierenden Sternsystemen – und auch von unserer eigenen Sonne. Angesichts dieses Befundes, der, wie wir sehen werden, ein musikalischer ist, gewinnt das Wort *Kosmos* – im Licht der neuesten Forschung – viel von seiner ursprünglichen Bedeutung zurück. Griechisch *kosmos* heißt: Schmuck.

Dabei ist es noch gar nicht so lange her, daß der Kosmos ein Inbegriff des Schweigens war – der Stille schlechthin. Kein Sound, kein Klang schien aus seinen unendlichen Weiten zu uns zu dringen. Wer damals von der „Harmonie der Sphären" sprach, wie Plato in seinem Dialog „Politeia" – von der „harmonia mundi", wie Pythagoras im 6. Jahrhundert vor, oder von der „Harmonie der Welt", wie Johannes Kepler im 17. Jahrhundert nach Christus –, der wurde allenfalls metaphorisch verstanden. Erst jetzt wissen wir: All dies ist wörtlich zu nehmen (wie im folgenden deutlicher werden wird).

Goethe im Prolog zum „Faust":

„Die Sonne tönt nach alter Weise
in Brudersphären Wettgesang,
und ihre vorgeschriebne Reise
vollendet sie mit Donnergang.
Ihr Anblick gibt den Engeln Stärke,
wenn keiner sie ergründen mag;
die unbegreiflich hohen Werke
sind herrlich wie am ersten Tag."

Goethe hat es geahnt: die Sonne tönt . . . Wir Heutigen wissen es.

Der römische Astronom Claudius Ptolemäus schrieb über den Kosmos unter dem Titel „Harmonia". Keplers berühmtestes Werk heißt „Harmonices mundi libri V" (= Fünf Bücher über die Weltharmonie), als handle es von Musik und nicht von Planeten – in der Tat fühlte sich Kepler nicht nur als Astronom, sondern auch als Musiker; und es gibt Hinweise darauf, daß ihm das letztere wichtiger war als das erstere. Pythagoras und Ptolemäus haben Beziehungen geahnt, die zwischen den Umlaufbahnen der Planeten und den Klangverhältnissen bestehen, die es auf einer gespannten Saite gibt – dem sogenannten Monochord.

Kepler ging als erster von elliptischen Planetenbahnen aus. Erst dadurch wurde deutlich, wie exakt die harmonikalen Beziehungen in unserem Sonnensystem sind. Gott wurde zum kosmischen Tonmeister. Er habe, so Kepler, die Planeten bewogen, die zunächst ja doch auf der Hand liegenden einfachen Kreisbahnen zu verlassen und ihre so auffällig komplizierten elliptischen Bahnen zu wählen, um auf diese Weise um so schönere Klänge produzieren zu können. Auffällig ist in der Tat nicht nur, daß die Planeten sich in elliptischen Bahnen bewegen, sondern daß sie aus der unendlichen Fülle möglicher Bahnen genau solche gewählt haben, die in ganzzahligen Proportionen unserer „irdischen" Musik schwingen und klingen.

Die Obertonreihe, die entsteht, wenn man ein auf C gestimmtes ventilloses Horn anbläst oder wenn man den Flageolett-Tönen der C-Saite einer Bratsche nachhorcht, entspricht bestimmten Verhältnissen in den Umlaufbahnen der Planeten.

Dies ist die Obertonreihe – die eigentlich „natürliche" Leiter aller Musik:

Verhältnisse der Saitenlängen

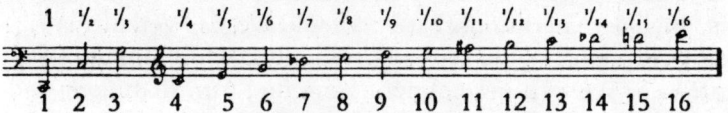

Verhältnisse der Schwingungszahlen

Das an dieser Leiter immer wieder neu Überraschende liegt in den darunter bzw. darüber gesetzten Ziffern. Sie nämlich machen deutlich, daß der jeweils folgende Ton der Leiter um jeweils genau eine Zahl schneller schwingt als der vorangehende. Das heißt also, um ein Beispiel zu geben, der fünfte Ton der Leiter – ein *e* – macht fünfmal soviel Schwingungen wie das C, mit dem die Leiter beginnt. Entsprechend sind auch die räumlichen Verhältnisse auf dem Monochord: um den fünften Ton, das *e,* zum Erklingen zu bringen, wird nur ein Fünftel der vollen Saitenlänge benötigt – bis hin zum hohen C, das nur ein Sechzehntel der Saite braucht. Wenn wir also eine Saite in 12 gleiche Abschnitte teilen und diese Saite auf die Längen 6, 8 und 9 verkürzen (Verkürzung 12:6 = 2 : 1, 12 : 8 = 3 : 2, 12 : 9 = 4 : 3), dann erhalten wir bei der Verkürzung um die Hälfte: die Oktave, um zwei Drittel: die Quinte und um vier Drittel: die Quarte etc. Das ist gemeint, wenn im Folgenden immer wieder von den „ganzen Zahlen" der Obertonreihe die Rede sein wird.

Nach der Obertonreihe wollen wir uns gleich auch mit den Intervallproportionen bekannt machen (s. Abb. folgende Seite).

Sofort fällt eine Grundregel auf: Je niedriger die Zahlenverhältnisse, um so stärker die Konsonanz, um so „harmonischer" der Zusammenklang. Die gestrichelte Linie bezeichnet in etwa die Grenze, an der konsonante in dissonante Klänge übergehen (versteht sich, daß dies ein gleitender Übergang ist). Wir werden bemerken, daß in den Proportionen des Makrokosmos, des Mikrokosmos und unserer irdischen Welt die konsonanten Zusammenklänge – Proportionen also vorwiegend aus niedrigen ganzen Zahlen – bei weitem überwiegen, ja der weitaus häufigste Zusammenklang ist auch der „harmonischste": die Oktave, das Verhältnis 1:2, einer Proportion, die seit je auch benutzt wird, um die Polarität der Welt zu bezeichnen: *Yang* und *Yin*, männlich und weiblich, himmlisch und irdisch etc. Diese „Ur-Polarität" ist also gleichsam „an den Himmel geschrieben".

Oktave	1:2
Quinte	2:3
Quarte	3:4
Große Sexte	3:5
Große Terz	4:5
Kleine Terz	5:6
Kleine Sexte	5:8
Kleine Septime	5:9
Große Sekunde	8:9
Große Septime	8:15
Kleine Sekunde	15:16
Tritonus	32:45

Aber sie ist auch „in unsere Ohren geschrieben". Alle die Klänge und Klangverhältnisse, die wir in so überwältigender Fülle in Makro- und Mikrokosmos und in unserer menschlichen Welt – und Musik! – finden werden, entsprechen (wie Rudolf Haase gezeigt hat) der natürlichen Disposition unseres Gehörs. Unser Ohr bevorzugt Konsonanzen, Dur-Proportionen etc.

Insgesamt gibt es sieben harmonikale Grundgesetze, die gleichermaßen „in unsere Ohren" wie „in Makro- und Mikrokosmos geschrieben" sind und die wir in allem wiedererkennen werden:

1. Die Obertonreihe
2. Die Intervallproportionen
3. Die Teilung des Oktavraumes in zwölf Halbstufen
4. Die Unterscheidung von Konsonanz und Dissonanz, wo-

bei die Konsonanz um so größer ist, je niedriger die Zahlenverhältnisse sind

5. Die Unterscheidung von Dur und moll, wobei Dur-Proportionen bei weitem überwiegen

6. Die Dominanz der 1:2-Polarität – der Oktave

7. Das Gesetz des Lambdomas (einer in Form des griechischen Buchstabens Lambda angeordneten Zahlenkolonne, deren rechter Schenkel jeweils um eine ganze Zahl von 1 bis unendlich steigt, während der linke Schenkel jeweils die Brüche dieser gleichen ganzen Zahlen enthält, so daß die Koordinaten des offenen gleichschenkligen Lambda-Dreiecks der Ober- bzw. Untertonreihe folgen). Hans Kayser und Rudolf Haase sind den Verzweigungen des Lambdomas in den verschiedensten Bereichen nachgegangen, haben sie exakt berechnet und Entsprechungen zu ihm in Physik, Akustik, Arithmetik, Geometrie, Kristallographie, Kybernetik, Religionswissenschaft und Philosophie gefunden. Rudolf Haase hat diese Entsprechungen auf das System des chinesischen I Ging und des genetischen Codes ausgedehnt, so daß sich nachgerade der Eindruck einer Allgegenwärtigkeit des Lambdomas bestätigt.

Es ist hier nicht der Ort für mathematische Darlegungen: vor allem Hans Kayser und Rudolf Haase haben sie geleistet – in einem umfangreichen, von Tabellen, Graphiken und Berechnungen überquellenden Lebenswerk. Wichtig für unseren Zusammenhang ist vor allem zweierlei: daß die sieben genannten Gesetze auf dem Ur-Gesetz der ganzzahligen Quanten (wie es einerseits die Obertonreihe, andererseits die Quantentheorie der theoretischen Physik deutlich macht) basieren. Und daß alle sieben Gesetze auf verhältnismäßig einfache Weise am Monochord demonstriert werden können, also auf dem aus einer einzigen Saite bestehenden Musikinstrument, an dem bereits die Pythagoräer im alten Griechenland ihre Versuche gemacht haben und auf das sich auch Platon bezog, als er in seinem Dialog „Timaios" erkannte, daß die Weltseele eine Tonleiter ist. Hans Kayser hat zum Beispiel gezeigt,

daß es aufgrund der harmonikalen Verhältnisse am Monochord hätte möglich sein können, eben jene Planeten zu entdecken, die den Griechen und Römern und den Astronomen
des Mittelalters noch nicht bekannt waren: Uranus, Neptun,
Pluto und die Schwärme der Planetoiden.

Der 1964 in Bern verstorbene Hans Kayser ist der Begrün-
der der harmonikalen Lehre als Wissenschaft, von der noch
oft die Rede sein wird. Eines seiner bekanntesten Werke,
1946 erschienen, heißt „Akróasis" – von griechisch „Anhö-
rung" – im Gegensatz zur „Aisthesis", der „Anschauung".
Die Welt, wie sie wirklich ist, so Kayser, ist eher durch Hören als durch Sehen zu erfassen. In diesem Werk schreibt
Kayser: „Der Begriff der Sphärenharmonie ist so alt wie die
Bewußtwerdung des Menschen. Zuerst Mythos, dann Astral-
symbolik und integrierender Bestandteil fast der gesamten
Menschheitsdichtung, wird er zur Voraussetzung der Astrologie und der beginnenden astronomischen Forschung aller
alten Völker. Erst mit Kepler erhält er jedoch jene Funda-
mentierung, die ihn des bloßen Glaubens enthebt und in das
moderne wissenschaftliche Denken einordnet. In seinem
Hauptwerk, ‚De Harmonice Mundi', einem Werk, welches
Kepler als sein wichtigstes bezeichnet und welchem er zeit-
lebens seine besondere Liebe zuwandte, weist er mit einem
umfangreichen, heute noch im wesentlichen gültigen Material nach, daß zwischen den Geschwindigkeiten der Planeten
untereinander eine große Anzahl musikalischer Harmonien
bestehen . . . Es ist aber für Kepler bezeichnend, daß gerade
diese, von uns heute als einzig Wertvolles der ‚De Harmonices Mundi' noch anerkannte Entdeckung nur als eine neben
vielen anderen ‚Harmonien' in seinem Werke genannt wird.
Wir tun Kepler völlig unrecht und verbauen uns selbst das
tiefere Verständnis für ihn und sein Wollen, wenn wir seine
Harmonik nur als eine Anregung bezeichnen, über welche
wir eigentlich möglichst rasch zur Tagesordnung überzuge-
hen hätten . . .

Wer das Werk Keplers gelesen und sich von seiner Begeisterung hat mitreißen lassen, für den sind seine harmonika-

len Proportionen seelische Wirklichkeiten, und er weiß: Hier geht es nicht um ... praktische Nutzanwendungen, sondern um das wahrhaft erschütternde Erlebnis eines ‚Tat twam asi‘: Das bist Du, da oben sind Kräfte und Gestalten an den Himmel geschrieben, die in deiner eigenen Seele tönen, die dich innerlich aufs stärkste angehen und ebenso wie dein ureigenstes Ich der Gottheit angehören!“

Und Johannes Kepler selbst: „Gib dem Himmel Luft, und es wird wirklich und wahrhaftig Musik erklingen. Es gibt einen ‚Concentus Intellectualis‘, eine ‚geistige Harmonie‘, an der reine Geistwesen und in gewisser Weise auch Gott selbst nicht weniger Genuß und Ergötzen empfinden als der Mensch mit seinem Ohr an musikalischen Akkorden.“

Eine besonders interessante Überlegung Kaysers betrifft die Schwärme der Planetoiden, die zwischen Mars und Jupiter auftreten. Die Wissenschaft nimmt an, daß sie einem zertrümmerten Planeten entstammen, und die harmonikale Lehre kann dies nicht nur bestätigen (weil an dieser Stelle ein Planet „gebraucht“ wird; die Planetoiden laufen in der wichtigen Terz-Bahn des Dur-Akkordes; undenkbar, daß diese Bahn unbesetzt geblieben wäre!) –, sie kann darüber hinaus auch zeigen, warum der Planet, der sich an dieser Stelle befunden haben muß, notwendigerweise zerborsten ist. Kayser hat errechnet, daß die Bahn dieses mythischen „Planeten X“ „inmitten der beiden aufgespaltenen enharmonischen Töne 8/9 d und 9/10d^{v}“ liegt: „Dieser Planet X stand an der bevorzugtesten, sozusagen ‚schönsten‘ Stelle der gesamten Planetenkombination. Denn er bildete die Terz des einzig hier kontinuierlich vorkommenden Dur-Akkords b-d-f ... Für den Harmoniker liegt es nun außer allem Zweifel, daß es gerade die enharmonische Spaltung der beiden d-Töne war, welche dem Planeten X zum Verhängnis werden sollte; denn sein Bahnort lag mitten in der gefährlichen Spaltungszone, während Jupiter, der ebenfalls einer solchen enharmonischen Zone nahe liegt, so ‚klug‘ war – möchte man fast sagen –, seine Bahn außerhalb dieser gefährlichen Zone zu legen ... Durch die Elimination dieser Terz verschwand der Dur-Akkord und damit das optimistische Zentrum der gesamten Planetenkonfiguration . . ."

Aber, so weiterhin Kayser: „. . . eine Analyse der eben gegebenen Art ist selbstverständlich für die heute übliche wissenschaftliche Begriffsbestimmung im höchsten Grade ungewöhnlich."

Nicht nur die Planetenbahnen selbst, sondern auch die Verhältnisse innerhalb der Umlaufbahnen gehorchen harmonikalen Gesetzen – und zwar in einer Fülle, die weit hinausgeht über das statistisch Wahrscheinliche. Francis Warrain hat berechnet, daß von den 78 Tönen, die durch die verschiedenen Planetenproportionen gebildet werden, 74 der Dur-Tonleiter angehören (und zugleich der Diatonik) – wahrhaftig ein überwältigendes Ergebnis, das durch keinen wie auch immer gearteten „Zufall" erklärt werden kann.

Besonders interessant ist es, daß auch, wenn sich die Planetenbahnen verändern (was ständig der Fall ist), die Winkelgeschwindigkeiten an den sogenannten *Aphels* und *Perihels*, den Extrempunkten der elliptischen Planetenbahn, zur Sonne nahezu unverändert erhalten bleiben. Aus diesen Winkelgeschwindigkeiten aber errechnen sich die harmonikalen Verhältnisse. Abgesehen von geringfügigen Verschiebungen (auf die ich in anderem Zusammenhang zu sprechen kommen werde) tönt also das Planetsystem über die Jahrtausende hinweg in den gleichen überwiegend harmonischen Dur-Klängen. Es ist mehr als metaphorische Ausschmückung, wenn Dichter – und überhaupt sensiblere Menschen – beim Anblick des gestirnten Himmels immer wieder und über die Jahrhunderte hinweg ein „inneres Klingen" empfunden haben.

Ein „inneres Klingen" ist es um so mehr, als es tatsächlich auch unser eigenes Klingen ist – einerseits in dem bereits angedeuteten Sinn, daß es die Disposition unseres Gehörs ist, in die alle diese Klänge „eingeschrieben" sind, zum anderen aber auch insofern, als alle die „Aspekte", die sich harmonikal-mathematisch ergeben, auch astrologische Aspekte sind. Bernward Thiel, Astrologe und Therapeut an Graf Dürckheims existential-psychologischer Begegnungsstätte in Rütte im Hochschwarzwald, macht mich darauf aufmerksam, daß die Aspekte der klassischen Astrologie „selbstverständlich auch harmonikal verstanden werden können". Danach ist – wie ein einfaches Rechenexempel auf einem kreisförmigen Horoskop ausweist – die Konjunktion eine Oktave, die Opposition eine Quinte, das Trigon eine Quarte, die kleine Terz ein Quintil, die kleine Sexte ein Biquintil usf. Das Horoskop eines Menschen – oder eines Ereignisses – ist also letztlich ein System aus Akkorden und Klängen. Der Mensch klingt: Das ist – auch unter astrologischen Gesichtspunkten – mehr als poetische Metapher. Wo Menschen einander begegnen, wo also ihre Gestirnstände aufeinander zugleiten, sich wieder voneinander lösen und neue Aspekte, Konjunktionen und Oppositionen entstehen, in sich ständig verändernden Übergängen, entsteht Musik – nochmals: nicht in gleichnishafter Ausschmückung, sondern so real, daß sie im Notenbild niedergeschrieben werden kann.

Thomas Michael Schmidt schreibt: „Die antike Vorstellung, daß die irdische Musik nur Abglanz und gleichsam Stellvertreterin der Harmonie des Himmels sei, erhält (auf diese Weise) einen konkreten Sinn, denn hier wie dort sind es die gleichen mathematischen Verhältnisse, die einerseits den Tönen, andererseits den Planetenbewegungen zugrunde liegen. Lange bevor hier auf der Erde menschliche Musik ertönte, strahlten die mathematischen Urbilder der Töne in wahrhaft kosmischen Dimensionen vom Himmel. Den akustischen Verhältnissen ist deshalb ein universaler Charakter zu eigen. Als Ordnungsprinzipien gestalten sie sowohl die Planetenwelt, den Makrokosmos, als auch die menschlich-irdische Musik ... So offenbart sich durch die universale Geltung der Tonverhältnisse ein umfassender kosmischer Zusammenhang ..."

Nochmals Johannes Kepler: „Darum wird man sich nicht weiter wundern, daß die schöne, zweckmäßige Folge der Töne in den musikalischen Tongeschlechtern von den Menschen gefunden wurde, wenn man sieht, daß sie dabei nichts anderes getan haben als Gottes Werk nachzuahmen, um nur sozusagen das Schaustück des himmlischen Bewegungsbildes herunterzuspielen . . ."

„Discunt astrologi vel musici . . ." begann das Werk von David Blaesing, einem Astronomen des Mittelalters: Es sagen die Astrologen oder die Musiker . . . Und danach wird vom Kosmos gesprochen, als sei er Musik.

Der Dichter Christian Morgenstern: „Die Sterne lauter ganze Noten. Der Himmel die Partitur. Der Mensch als Instrument."

Und Plotin, der Philosoph des Hellenismus: „Alle Musik, wie sie auf Melodie und Rhythmus beruht, ist der irdische Stellvertreter der himmlischen Musik . . ."

Hermann Graf Keyserling summiert: „Seitdem es Menschen gibt, ist der Musik eine Vorzugsstellung unter den Künsten zugestanden worden. Bewußter- oder unbewußtermaßen hat sie von jeher als Ausdruck und Vermittlerin von Kosmischem gegolten."

Es ist in unserer Zeit möglich geworden, den „Gesang der Planeten" hörbar zu machen. Willie Ruff und John Rodgers, Professoren an der Yale University in den USA, haben die Umlaufbahnen der Planeten in einen Synthesizer gespeist – ein modernes, computerisiertes, elektronisches Musikinstrument, wie es in der Rock- und Jazzmusik häufig verwendet wird. Sie sind dabei nicht – wie noch Pythagoras und Kopernikus – von kreisförmigen, sondern von elliptischen Bahnen ausgegangen und haben sich genau an die Angaben Keplers gehalten. Wie Kepler es errechnet hatte, haben sie dem Planeten Saturn das Kontra-G zugeordnet (das tiefe G, das dem unteren Ende der normalen Pianotastatur am nächsten liegt). Von daher definieren die Keplerschen Gesetze zwangsläufig die Töne aller anderen Planeten – über Jupiter, Mars, Erde, Venus bis zum sonnennächsten, dem Merkur, der das hohe viergestrichene e ist, fast schon am Ende der Pianotastatur.

Auf der Schallplatte, die auf diese Weise entstanden ist, klingt das „moll-gestimmte Duett", in dem Erde und Venus miteinander „konzertieren", besonders bewegend; dabei

„tanzt" die Venus um das dreigestrichene e, während die Erde – eine Sext tiefer – zwischen dem zweigestrichenen g und dem gis „tändelt". Kepler empfand diese Tonbeziehung als „das unendliche Lied vom Elend der Liebe auf Erden".

Auch sonst entsprechen die Klänge der Planeten, wie Ruff und Rodgers sie realisiert haben, den Vorstellungen, die traditionellerweise mit den verschiedenen Himmelskörpern verbunden werden. Der Merkur, dem das Element Quecksilber zugeordnet ist, hat einen schnellen, geschäftigen, zirpenden, in der Tat „quecksilbrigen" Klang. Mars rutscht aggressiv und „rücksichtslos" über mehrere Noten hinauf und hinunter. Jupiter hat einen majestätischen, orgelartigen Ton, Saturn ein tiefes, unheimliches Dröhnen.

Auf diese Weise umfaßt der Tonbereich der sechs sichtbaren Planeten, einschließlich der Erde, acht Oktaven, deckt sich also fast mit dem Normalumfang des menschlichen Hörvermögens.

Nach Keplers Tod wurden drei weitere Planeten entdeckt – Uranus, Neptun, Pluto –, deren Umlaufbahnen sich den Keplerschen Gesetzen – wie nicht anders zu erwarten – widerspruchslos eingefügt, ja diese Gesetze bestätigt haben. Da diese Planeten sehr langsam umlaufen – Pluto etwa hat eine Umlaufperiode von 248 Jahren –, würde ihre Umsetzung in Tonhöhen die menschliche Hörfähigkeit überschreiten. Die Professoren Ruff und Rodgers haben aber entdeckt, daß die Umlaufellipsen dieser äußeren Planeten für das menschliche Ohr als Rhythmen hörbar gemacht werden können. Ruff, der nicht nur Wissenschaftler, sondern auch Jazzmusiker ist, sagt: „Ich wußte von Anfang an: Es muß da draußen doch auch Rhythmus geben."

So ergibt sich: Die sechs sichtbaren Planeten formen in ihren elliptischen Bahnen einen – dieser Ausdruck stammt von Kepler, dem Musiker Johannes Kepler! – „sechsstimmigen Motettensatz", während die drei äußeren Planeten – die Formulierung ist von Ruff – die *rhythm section*, die „Rhythmusgruppe", bilden, in der Pluto, der fernste, die kosmische „Baßtrommel" schlägt.

Interessant, wie sich im Trilog der drei „Rhythmusplaneten" Uranus und Neptun gegeneinander verschieben. Wenn Uranus sich langsam bewegt, ist das Verhältnis zu Neptun ziemlich genau 1:12 1/2, aber die schnelleren Rhythmen der beiden Planeten sind fast identisch. Auf diese Weise entsteht ein Netz interessanter Polyrhythmen, das sich an Plutos Baßtrommel orientiert. Diese Orientierung besitzt nichts Metronomisches, denn auch der Baßrhythmus verschiebt sich – allerdings in Zyklen von etwa sieben Minuten, so daß die rhythmischen Umschichtungen, die dadurch entstehen, kaum wahrzunehmen sind. Sie laufen ähnlich langsam wie die Veränderungen in der sogenannten „Minimal Music".

Willie Ruff und John Rodgers haben auf ihrer Platte die Umlaufbahnen der Planeten für einen Zeitraum von rund 250 Jahren als Klänge realisiert – beginnend in Keplers Geburtsjahr 1571. Angeregt zu ihrer Arbeit wurden sie durch Hindemiths Oper „Die Harmonie der Welt" (die ihrerseits von Leben und Werk Johannes Keplers inspiriert wurde). Ruff selbst ist ein Schüler von Hindemith, der nach seiner Emigration aus Deutschland an der Yale University gelehrt hatte und in intensivem Kontakt mit Hans Kayser stand.

Gottfried Wilhelm Leibniz, der große Philosoph und Mathematiker des 17. Jahrhunderts, schrieb: „Die Musik ist eine verborgene arithmetische Übung der Seele, die dabei nicht weiß, daß sie mit Zahlen umgeht, denn vieles tut sie in Gestalt von unmerklichen Auffassungen, was sie mit klarer Auffassung nicht bemerken kann. Es irren nämlich diejenigen, welche meinen, daß nichts in der Seele geschehen könne, dessen sie sich nicht selbst bewußt sei. Daher bemerkt die Seele, obschon sie nicht erkennt, daß sie rechnend tätig ist, dennoch die Wirkung dieses unmerklichen Zahlenbildens, entweder als ein daraus hervorgehendes Wohlbehagen bei Zusammenklängen oder als Unbehagen bei Mißklängen."

„Wie oben so unten" lautet das Grundprinzip der Weisen Asiens und des alten Ägyptens. Die Klang-Struktur „oben" – nämlich im Kosmos – kennen wir seit Pythagoras und Kepler – und die moderne Astronomie und Kosmologie entdeckt ständig neue, faszinierende harmonikale Beziehungen, weit über den Raum unseres Planetensystems hinaus. Wie aber steht es mit „unten" – mit der Welt der Gene und Zellen, der DNS und RNS, der Atome und Elementarteilchen? Gibt es auch hier harmonikale Strukturen? Hier mehr als irgendwo anders müßte es sie geben, wenn das, wovon hier die Rede ist, einen Sinn hat.

Jahrzehntelang hat man es sich einfach gemacht: Das Bohrsche Atommodell schien bestimmte Umlaufbahnen der Elementarteilchen um den Atomkern zu postulieren, und man nahm an, daß diese Bahnen – ähnlich denjenigen, die die Planeten um die Sonne ziehen – harmonikalen Gesetzen gehorchen; in Wirklichkeit gehorchen sie statistischen, und „Umläufe" im Sinne der elliptischen Bahnen der Sonnentrabanten gibt es hier nicht.

Es gibt aber sogenannte „Schalen", die im Atomkern annähernd der Bedeutung entsprechen, die die „Bahnen" im Sonnensystem haben. Die Schalen füllen sich mit Elektronen auf, und diese Auffüllungszustände stehen in Beziehung zur Ordnungszahl der Atome im Periodischen System der Elemente; die Ordnungszahl entspricht der Größe der Kernladung. Hier – in den Schalen, den Auffüllungszuständen, in Ordnungszahl, Kernladung, Anzahl von Elektronen und Protonen und in den sogenannten *spin*-Zuständen (der Ausdruck wird weiter unten erklärt) – liegen die harmonikalen Proportionen, – und zwar in einer Dichte und Auffälligkeit, die auch den reservierten Beobachter zum Staunen bringt. Die diesbezüglichen Erkenntnisse wurden fast um die gleiche Zeit aus den beiden in erster Linie zuständigen und gleichwohl entgegengesetzten Bereichen, nämlich einerseits aus der Musikwissenschaft, andererseits aus der Teilchenphysik – einander auf faszinierende Weise bestätigend und ergänzend – zusammengetragen – von dem Musikwissenschaftler Wilfried Krüger und dem französischen Atomphysiker Jean E. Charon.

Krüger hat an den für die Entstehung des Lebens entscheidenden Punkten der Mikrowelt – im Sauerstoff-, Stickstoff-,

Kohlenstoff- und Phosphoratom und in den Nukleinsäurefäden der RNS und DNS – in besonders überwältigender
Fülle harmonikale Strukturen entdeckt.

Der Sauerstoff ist das Grundelement, die Dur- die Grund-
tonleiter, und in der Tat: Die acht Protonen des Sauerstoff-
atoms bilden eine Dur-Tonleiter, wobei die *spins* der Protonen exakt die Halb- und Ganztöne markieren. Der *spin* $- \frac{1}{2}$
ist der Halbton, der *spin* $+ \frac{1}{2}$ der Ganzton, und wirklich sitzt
der Minus-*spin* auf der vierten und achten Stufe, dort also,
wo in der Dur-Tonleiter das f und das c' den Halbtonschritt
signalisieren.

Noch überraschender wird die Übereinstimmung, wenn
man bemerkt, daß das Sauerstoffatomkern-Protonen-Modell
zwölf Stufen hat – so viele also, wie die Tonleiter, die es ja tatsächlich bildet, Halbtöne besitzt. Im Normalzustand sind
sieben gefüllt und fünf leer – wie bei der Tonleiter, die aus
sieben „leitereigenen" Tönen besteht und die übrigen fünf
Halbtöne unbenutzt läßt. Nun werden in der Musik gelegentlich – vor allem dann, wenn moduliert wird – auch
„nicht-leitereigene" Töne verwendet; genau das geschieht
auch in den verschiedenen Auffüllungszuständen des Atom-
kerns, die freilich immer nur Übergangsfunktionen haben –
wie die Modulationen in der Musik.

Ähnliche Entdeckungen hat Krüger in den Kernen anderer
Atome gemacht – wie gesagt um so häufiger, je wichtiger die
betreffenden Atome für die Entstehung organischen Lebens
sind. So ergibt „die Elektronenhülle des Kohlenstoffatoms,
nach den Regeln der Atomphysik und in den Stufen des
Grundtheorems aufgefüllt, die Tonleiter c-d-e-f-g-a", das ist
der Hexachord der Gregorianischen Musik, ja es gibt sogar, je
nach dem Auffüllungsstand des Atoms, alle drei Hexacorde
der Gregorianik im Kohlenstoff – den sogenannten Hexachord *durum*, den Hexachord *molle* und den Hexachord *na-
turale*.

Das Phosphoratom, das größte der DNS, hat die Grundzahl 15, also 15 Protonen im Kern, die in Form einer 15stufi-
gen Tonleiter vom tiefen g bis zum fis' angeordnet sind, wo-

bei auch hier wieder die positiven und negativen *spins* exakt die Halbtöne markieren.

Die ganze Mikrostruktur ist voller harmonikaler Beziehungen. Die Nukleinsäurefäden der DNS werden in ihrer ganzen respektablen Länge exakt durch die pythagoräische Tetraktys – die Vierfaltigkeit des Oktavraumes (Oktave, Quinte, Quarte und große Sekunde) – strukturiert. Die Pythagoräer haben der Tetraktys magische Gewalt zugesprochen und sie als „heilig" bezeichnet, und in der Tat ist sie in den geheimnisvollen Prozessen, die anorganische Strukturen in organisches Leben überführen, nahezu allgegenwärtig. Die vier Sauerstoffatome zum Beispiel, die das Phosphoratom umgeben, schwingen in der Tetraktys! Es ist wörtlich zu nehmen, wenn Lama Govinda – lange vor Krügers Entdeckungen – gesagt hat: „Jedes Atom singt ständig ein Lied, und es ist dieser Ton, der in jedem Augenblick dichte oder feine Formen von größerer oder geringerer Materialität schafft."

Eine ähnliche Schlüsselstellung wie die Tetraktys besitzt der geheimnisumwitterte Tritonus, der *diabolus in musica*, der Teufel in der Musik: die übermäßige Quarte oder verminderte Quinte, die weder konsonant noch eindeutig dissonant ist und in der Mikrowelt genau das bewirkt, was sie auch im Jazz – in der Musik des Bebop der vierziger Jahre – bewirkte: einen „Hauch von Freiheit". Man spricht, zumal im Jazz, von der „springenden" Quinte, „springend" aber wirkt sie auch in der Zellkernteilung. Die Energie, die für den Sprung benötigt wird, entsteht durch Aufnahme von Photonen, den, wie wir weiter unten sehen werden, „Kommunikationsträgern". Der „Segen der Photone" – so Krüger – geht „pfingstlich in großer Schar herab hauptsächlich auf die Tonregion des Tritonus" – nämlich auf f, fis, g – und zwar besonders stark immer gerade kurz vor der Mitose, der Zellteilung, wenn zwei identische Kerne mit gleicher genetischer Information entstehen. In diesem Prozeß – und auch bei zahlreichen anderen Prozessen im Mikrokosmos, die von Krüger ausführlich analysiert wurden – ist die verminderte Quinte wirklich noch das, was sie für die Alchimisten gewesen ist:

die *quinta essentia* – die Quintessenz. Sie ist „Schaukel" und „Wippe" und „Angel", weil sie offen nach allen Seiten ist – sie bringt, wie gesagt, Freiheit. Krüger hat die Parallelität der Tritonus-Position im Mikrokosmos einerseits und im Bebop des Jazz andererseits bis in Einzelheiten ausgeführt.

Franz Schubert empfand das eingestrichene fis als „grüne Note". Ich weiß nicht, wie Schubert das hören konnte, aber eben jenes fis', ein Tritonus (auf C bezogen), bildet die Schlüsselspannung im Geschehen des Stickstoffatoms bei der Photosynthese, dem Prozeß, in dem aus Sonnenlicht Chlorophyll, lebendiges Grün also, entsteht. Aus Sonne wird lebende Materie. Das Wort ward Fleisch: Gerade an dieser Stelle besitzt der Tritonus die entscheidende „Wirkkraft", die *quinta essentia* – zusammen übrigens mit zwei weiteren Proportionen, die ebenfalls harmonikal von besonderer Bedeutung sind und bei den Pythagoräern, in der Kabbala und in anderen Geheimwissenschaften des Ostens und Westens seit je als magisch und als heilig gelten: der Sieben der Dur-Tonleiter und der Zwölf als der Zahl der in der Oktave verfügbaren Halbtöne. Tatsächlich besitzt das Magnesiumatom, das in der Mitte des Chlorophylls schwingt, die Grundzahl 12, umgeben aber ist es von vier Stickstoffatomen mit der Grundzahl 7.

Bereits bevor Lothar Meyer und Dimitri Mendelejeff das Periodische System der Elemente entdeckt haben, wies John Newlands darauf hin, daß Elemente der gleichen Gruppe in musikalischen Intervallen erscheinen: „Es ist zu erkennen, daß die Nummern analoger Elemente sich allgemein um die Zahl 7 oder ein Vielfaches von 7 unterscheiden . . . Ich schlage vor, diese Beziehung vorläufig als ‚Gesetz der Oktaven' zu bezeichnen."

Prof. Dr. Rudolf Haase, der an der Hochschule für Musik und Darstellende Kunst in Wien harmonikale Grundlagenforschung lehrt und das Wiener „Hans-Kayser-Institut" leitet, hat dieses Gesetz erhärtet. Nach seinen Untersuchungen basiert das ganze Periodische System der Elemente auf den Tönen c', c''', d'''' und c''''', also vorwiegend auf höheren Oktaven des Grundtones.

Haase weist darauf hin, daß das aus der Chemie bekannte „Gesetz der konstanten und multiplen Proportionen" zu harmonikal deutbaren Zahlenverhältnissen führt. Da es „die Grundlage für die chemischen Formeln bildet", läßt sich „die chemische Formelsprache als ein riesiger Katalog von Proportionen auffassen . . ., dessen harmonikale Erschließung noch aussteht".

Wir haben uns damit aus dem Bereich der Atome und ihrer Teilchen in den der Moleküle begeben. Rudolf Haase hat gezeigt, daß ihrem Aufbau „ein Streben nach höchster Symmetrie zugrunde liegt, das sich vor allem in Gruppierungen auswirkt, die uns unter dem Namen der ‚platonischen Körper' bekannt sind" – nämlich Tetraeder, Oktaeder, Hexaeder (Würfel), Ikosaeder, Pentagondodekaeder; nur diese fünf gibt es, und sie alle sind aus regelmäßigen Vielecken zusammengesetzt. In der Anzahl der Ecken, Flächen und Kanten der fünf Körper kommen folgende Zahlen – und nur diese Zahlen – vor: 4-6-8-12-20-30; in einer Obertonreihe auf c bilden sie die folgenden Töne: c", g", c"', g"', e"", h"".

L. Wolf hat nach Untersuchungen von Hunderttausenden von chemischen Verbindungen festgestellt, daß die Dur-Dominanz noch durch die Koordinationszahlen (die die Anzahl der in einem Molekül unmittelbar benachbarten Atome angeben) unterstrichen wird. Hier gibt es nämlich die gleichen Zahlen, nur die 30, das viergestrichene h, fehlt, ausgerechnet der Ton, der als einziger der genannten nicht in den Dur-Dreiklang hineinpaßt! R. Haase, der all diese Erkenntnisse in jahrelangen Untersuchungen erarbeitet hat, bemerkt noch, daß, wenn man die genannten Zahlen in Intervall-Verhältnisse überträgt, ausschließlich und nur die konsonantesten Intervalle entstehen, nämlich Oktave, Quinte, Quarte, große Sexte und große Terz. Wahrhaftig ein überwältigendes Indiz für den gleichermaßen „harmonikalen" wie „harmonischen", klingenden, musikalischen Aufbau unserer Welt.

Ich habe erwähnt, daß die Forschungen des Musikwissenschaftlers Wilfried Krüger durch die des Physikers Jean E. Charon ergänzt werden. Bevor ich die Ergebnisse von Charon mitteile, muß der bereits mehrmals erwähnte Begriff *spin* erklärt werden. Er ist das Produkt aus Rotationsenergie und Rotationsperiode von Neutrinos, Photonen und Elektronen und muß grundsätzlich ein ganzzahliges Vielfaches der wichtigsten Naturkonstante des Mikrokosmos, nämlich des Planckschen Wirkungsquantums sein, auch Plancksche Konstante genannt. Der Ausdruck „ganzzahliges Vielfaches" signalisiert von vornherein schon – also noch bevor die Detailfunde Krügers berücksichtigt werden – einen harmonikalen Befund. Und in der Tat soll Max Planck, der ein starkes musikalisches Interesse besaß, durch das Springen der Töne in der Obertonreihe von einer ganzen Zahl zur nächsten zu seiner Quantentheorie angeregt worden sein. Darauf läuft ja die Quantentheorie hinaus: die Energie der Teilchen im Atom verändert sich nicht gleitend, sondern in ganzzahligen Sprüngen. (Seltsam dieses gleichstarke Interesse an Musik und Physik bei den beiden großen Wissenschaftlern, die einerseits unser makro- und andererseits unser mikrophysikalisches Weltbild geprägt haben: Johannes Kepler und Max Planck!) Was nun den Begriff *spin* betrifft, so entsprechen *spin*-Zahlen in der Mikro-Physik den Intervall-Verhältnissen der Musik auf dem Monochord – $1/2$, 1, $3/2$, 2 usw. jeweils bezogen auf die Einheit der Planckschen Konstante (dividiert durch 2π).

Besonders wichtig für unseren Zusammenhang ist – wie wir sehen werden – der *spin* der Photonen. Was sind Photonen? Krüger: „Wenn die Atomphysik feststellt, daß die Zeit stillsteht, der Ort nirgends und überall ist und die Masse gleich Null ist für ein Teilchen, das sich mit Lichtgeschwindigkeit bewegt – solches Teilchen ist ein Photon –, so tritt sie von außen auf eine Schwelle, auf die von anderer Seite her Mystiker traten und treten."

Wer einem unvoreingenommenen Menschen die Frage stellt: Was ist das – der Ort ist nirgends, die Masse gleich Null, es bewegt sich mit Lichtgeschwindigkeit und ist ununterbrochen wirksam und aktiv? –, der könnte die Antwort erhalten: ein Gedanke. Krüger: „Die Photonen sind die springenden Punkte des Geistes." Genau das bestätigt die moderne Teilchenphysik – im Werk von Charon.

Einen entscheidenden Anstoß für die wachsende Berücksichtigung des geistigen Moments in der theoretischen Physik bildeten die immer wieder gemessenen Abweichungen von den rein physikalischen Gesetzmäßigkeiten, die sich rechnerisch ergaben und gleichwohl oft nicht ganz genau mit den gemessenen Ergebnissen übereinstimmten. Immer wieder stießen Physiker und Mathematiker auf minimale und unvorhersehbare „Zwischenwerte". Sie begannen sich deshalb zu fragen: Wo sind die Energien, die Impulse, die durch sie abgedeckt werden? Was ist es, was uns da ständig durch das Netz unserer immer genauer werdenden Meßmöglichkeiten schlüpft?

Einen weiteren Anstoß bildete die in eine ähnliche Richtung weisende Entdeckung von Lee und Yang – zwei amerikanischen Physikern chinesischer Herkunft –, daß das für die rohe Materie gültige Prinzip der Erhaltung der Parität im Zuge schwacher Wechselwirkungen verletzt wird. Für bestimmte Gruppen amerikanischer Physiker bedeutete diese Entdeckung einen Durchbruch. Untermauert auch durch andere Forschungen, die vorzutragen hier zu weit führen würde, ließ sich der Gedanke immer weniger von der Hand weisen, daß sich geistige und psychische Elemente in der – oft minimalen – Differenz zwischen den errechneten, aufgrund der Naturgesetze „verbindlichen" und den *de facto* gemessenen Ergebnissen in die bisher „gültigen" Konzeptionen der Mikrowelt gleichsam „einschlichen". Sie waren da, diese geistigen und psychischen Elemente, ungerufen und ungewollt, allen herrschenden physikalischen Theorien zuwider – und konnten gleichwohl immer weniger abgewiesen werden. Lee und Yang erhielten sofort den Nobelpreis, noch im Jahre ihrer Entdeckung 1957 (Charon weist in diesem Zusammenhang darauf hin, daß Einstein immerhin 17 Jahre lang auf den Nobelpreis warten mußte!).

Auch die Entdeckung der „Wahlmöglichkeit" der Elektronen, die die Option haben, zwischen verschiedenen „Taten" zu wählen, und diese Option auch beanspruchen und ausnutzen, spricht – nach Charon – für ein geistiges oder psychisches Element, – denn das ist ja der Geist *per definitionem*: ein Wählendes!

Neuere mikro-physikalische und kosmologische Modelle sind überhaupt nicht mehr denkbar ohne ständige Berücksichtigung von Wahlmöglichkeiten. Die Physiker machen nicht einmal mehr den Versuch (den sie doch Generationen hindurch unternommen haben), mit Hilfe physikalischer Manipulationen diese „Möglichkeiten der Freiheit" aus der Welt zu schaffen oder einfach zu leugnen. Sie akzeptieren sie und erkennen in wachsendem Maße: die Akzeptanz der Wahl bedeutet die Akzeptanz des Geistigen.

Eine ständig wachsende Gruppe von Physikern – um den Franzosen Jean E. Charon und um die in den USA führenden Forschungsanstalten in Pasadena und Princeton (die sogenannten „Gnostiker von Princeton") – meint, die Urheber geistiger und psychischer Impulse im Elektron und im Photon entdeckt zu haben.

Charon schreibt: „Das Elektron umschließt innerhalb seines Mikro-Universums einen Raum, der erstens Informationen zu speichern vermag, zweitens mit Hilfe einer Art von ‚Erinnerungssystem' diese Information in jeder Pulsationsperiode seines Zyklus wieder verfügbar machen kann und drittens die Fähigkeit besitzt, komplexe Operationen durch Kommunikation und Zusammenarbeit mit den anderen Elektronen des zu bildenden Systems zu steuern."

Das Elektron nämlich ist eine Art „Mikro-Schwarzes-Loch"; es besitzt eine ähnliche Struktur wie die Schwarzen Löcher des Kosmos und, bis zu einem gewissen Grade, wie deren Vorstufe, die Pulsare, die schweren, pulsierenden Sterne, von denen wir gesprochen haben. Wie Schwarze Löcher und Pulsare verfügt das Elektron über eine sehr, sehr hohe Temperatur zwischen 60 Millionen und 650 Milliarden Grad – man muß sich das vorstellen: in der unvorstellbaren Kleinheit des Mikrokosmos! – sowie über eine ungeheure Dichte – zwischen Tausend Milliarden und einer Million Gramm pro

Kubikzentimeter! – und, damit zusammenhängend, einen im Sinne der Einsteinschen Theorie völlig in sich gekrümmten Raum und eine völlig in sich gekrümmte Zeit. Die Zeit der Elektronen und Schwarzen Löcher ist also nicht unsere „materielle Zeit", die von der Vergangenheit in die Zukunft führt. Sie ist eine „geistige Zeit", die „zyklisch rückwärts läuft", so daß alles, was einmal gespeichert wurde, bei jedem Zyklus erneut abgerufen werden kann. Deshalb, so Charon, sind die Elektronen die „Ur-Speicher" der Erinnerung. Sie gehören zu den wenigen Elementarteilchen, die nicht zerfallen, das heißt, sie bestehen von Beginn des Kosmos an bis zum Ende der Zeit und des Universums.

Charon: „Ein Elektron, das nacheinander Teil eines Baumes, eines Menschen, eines Tigers und wieder eines Menschen war, wird sich also für immer an alle in diesen verschiedenen Leben gesammelten Erfahrungen erinnern. Von nun an vereint es in sich alle Erfahrungen, die es als Baum, als Mensch Nr. 1, als Tiger und als Mensch Nr. 2 erlebte, dessen Organismus es zu bestimmten Zeiten angehörte."

Angebahnt hat diese Erkenntnisse bereits in den zwanziger Jahren der Züricher Physiker Wolfgang Pauli, aus dessen sogenanntem „Pauli-Prinzip" hervorgeht, daß Atome „wissen" und „behalten" können, ob sie einem anderen Atom schon einmal begegnet sind oder nicht, und daß sie „wissen", in welchem Zustand sich andere Atome befinden.

Das Erinnerungsvermögen der Elektronen wird durch den *spin* seiner Photonen gesteuert. Jede Steigerung des *spins* führt zu einem Mehr an Information, und diese Steigerung erfolgt – und das eben ist für unseren Zusammenhang das Überraschende und Wunderbare – in harmonikalen Progressionen.

Photonen steuern aber nicht nur die Erinnerung, sondern auch den Erkenntnisprozeß: „Bei ihm verschwindet ein Photon des Außenraumes und stellt dadurch seinen Impuls, seine Energie und seinen *spin* einem Photon des Elektronenraumes zur Verfügung . . ." – wodurch das innere Photon von nun an eben über das Potential verfügt, über das bisher nur das äußere Photon verfügte – und auch dies wiederum geschieht in ganzzahligen harmonikalen Progressionen! Es ist, als ob sich die Teilchen gegenseitig ihre „Töne" mitteilten! Das ist die Sprache, in der sie miteinander kommunizieren – eine Sprache in Tönen, in Harmonien!

Drittens gibt es die „Tat" der Elektronen. Charon: „Das Elektron hat hierbei eine rein motorische Aufgabe zu erfüllen; es muß sich in den Außenraum, den Raum der Materie, hinausbewegen . . ." um dort durch seine Anwesenheit atomare und chemische Prozesse auslösen zu können – was auch wieder durch die *spin*-Zustände, in harmonikalen Progressionen also, bewirkt wird.

Charon: „Zuletzt gibt es noch den *spin*-Austausch zwischen den Photonen zweier benachbarter Elektronen. Diesem Austauschprozeß wollen wir den Namen ‚Liebe' geben. Es kann beispielsweise geschehen, daß ein Photon innerhalb des ersten Elektrons von *spin* + 1 auf *spin* + 2 übergeht, während gleichzeitig im benachbarten Elektron ein Photon von *spin* –1 auf *spin* –2 übergeht . . . Zur Kommunikation durch Liebe gehören jedoch immer zwei: Beide müssen sich zu dieser Wechselwirkung entschließen und beide den *spin*-Austausch annehmen. Der Elektronenraum jedes der beiden Beteiligten (das ‚Gedächtnis' dieses Raumes) muß imstande sein, eine solche Erhöhung des *spin*-Zustandes, von *spin* 1 auf *spin* 2 beispielsweise, eines seiner Photonen zu akzeptieren. Anders ausgedrückt: es muß eine gewisse ästhetische Übereinstimmung zwischen jenen beiden ‚Gedächtnissen' herrschen, die versuchen, sich zu paaren, um ihre Information zu bereichern . . . Jedes ist Spender und Empfänger zugleich, und damit dieser auf Gegenseitigkeit beruhende Vorgang stattfinden kann, müssen die beiden neuen geistigen Konfigurationen gewissermaßen ‚zusammenpassen'."

Ein Elektron, das sich bisher nur in toter Materie aufgehalten hat, besitzt gegenüber einem, das sich schon lange in einem Tier oder Menschen befindet, ein völlig verschiedenes Informationsniveau; die beiden haben gleichsam eine andere „Ausbildung" durchlaufen, und es ist nicht wahrscheinlich, daß zwischen ihnen ein *spin*-Austausch – „Kommunikation", „Paarung", „Liebe" – geschehen wird, ein Befund, der exakt menschlichen „Usancen" entspricht. Der Psychologe Oscar Ichazo: „Die Liebe ist das Wiedererkennen des gleichen Bewußtseins bei sich und beim anderen." Und Jean E. Charon: „Ich bin übrigens der Überzeugung, daß eine bestimmte Affinität auf der Stufe des Lebendigen (und nicht mehr des Elementaren), die auf Verwandtschaft (wie der Mutterliebe), aber auch auf gegenseitiger Ergänzung (wie der Liebe zwischen Mann und Frau) beruhen kann, jene Art der Kommunikation zwischen Elektronen erleichtert, die wir in Analogie dazu auch auf der Ebene des Elementaren als Liebe bezeichnet haben. Im Gegensatz zu den Ansichten, welche die meisten organisierten Wesen sich darüber zurechtgelegt haben, sind es nämlich eigentlich ihre Elektronen, die Liebe verströmen oder Liebe hervorrufen. Das organisierte Wesen selbst ist nur das ‚Vehikel' dieser Liebe, und auch das nur in einem eng begrenzten Teilgebiet von Raum und Zeit."

Wir können danach den oben zitierten Satz von Oscar Ichazo variieren – und präzisieren: Die Liebe ist das Wiedererkennen der gleichen *spin*-Zustände, will sagen: gleicher harmonikaler Verhältnisse, gleicher Schwingungen, – letztlich: gleicher Harmonien – weshalb ja auch die Umgangssprache von „harmonischen" Verhältnissen zwischen Liebenden spricht. Die Liebe also als Akkord. Je „harmonikaler" sie im wörtlichen Sinn ist, desto „harmonischer" ist sie auch im übertragenen Sinn – womit auch offensichtlich ist, daß die Vorgänge der Liebe, ihre „Taten" – Zärtlichkeiten, Vereinigungen, Orgasmus – durch harmonikale Verhältnisse gesteuert werden und ihrerseits wiederum – in einer Art „feedback" im Sinne der „Regelkreise" der Kybernetik – ein harmonikales Geschehen von wachsender Kraft und Intensität auslösen – durchaus so, wie es die Dichter aller Zeiten, Shakespeare etwa, empfunden haben: Die Liebe als Musik . . .

Der *spin* steigert sein Niveau aber nicht nur in harmonikalen Progressionen, er „geschieht" auch in der Zeit – und zwar in der gekrümmten zyklischen Zeit der Elektronen (die auch die der Schwarzen Löcher des Makrokosmos ist). Zeitliche Progressionen in ganzzahligen Verhältnissen sind Rhythmen. *Spins* erscheinen in diesem Licht als die Ur-Rhythmen des Kosmos, und auch diese Rhythmen also „swingen" in ganzzahligen Verhältnissen.

Und schließlich: Das Photon ist die kleinste Einheit des Lichtes. Photonen tragen das „Ur-Licht". Sie sind „mikrokosmische Lichtblitze". Photonen sind Licht in der totalen Bedeutung des Wortes, gleichermaßen der materiellen wie der „übertragenen" geistigen. Ohnehin lassen sie sich geistig einfacher und zwangloser definieren als physikalisch-materiell – weshalb denn auch die Schul-Wissenschaft zugeben muß: „Es ist bisher noch nicht gelungen, sie (die Eigenschaften dieser Teilchen) aus allgemeineren theoretischen Ansätzen in befriedigender Weise abzuleiten." Carl Friedrich von Weizsäcker räumt ein, daß „von dieser Physik aus gesehen, nichts der Behauptung im Wege (steht) – die allerdings auch nicht aus ihr folgt –, daß, wenn ich einmal klassische Begrifflichkeiten benutzen darf, die Substanz, das Eigentliche des Wirklichen, das uns begegnet, Geist ist."

Was nun die Frequenz des Lichts betrifft, das ein Photon „ist", so hängt auch sie von seinem *spin* ab, das heißt wieder: von harmonikalen Progressionen. Von den Gesetzmäßigkeiten der Obertonreihe!

Die Überlieferung der biblischen Genesis jedenfalls, wonach Gott im Anfang das Licht geschaffen habe, wird von der modernen Kosmologie voll bestätigt. Denn die Kosmologen behaupten heute, gestützt auf die allgemeine Relativitätstheorie, daß das Universum am Anfang von sehr heißer elektromagnetischer Strahlung – und nur von solcher – erfüllt war: von Photonen, also – von Licht. Charon: „Wie aus der Bibel, so erfahren wir auch von den Astrophysikern, daß die Materie erst nach der Erschaffung des Lichtes entstanden ist."

Dieses Licht aber, das Photon, läßt sich leichter als Geist und Gedanke denn als Materie oder Energie bestimmen. Im Anfang also – auch das bestätigt die moderne Physik – war der Geist, der *Logos*. (Und gerade an dieser Stelle sollte daran erinnert werden, daß das Wort *logos* im Griechischen auch „Proportionen" bedeutet!)

Im übrigen ist nun wohl der Punkt erreicht, an dem man sich eine Vorstellung von dem ungeheuren Verdrängungsakt machen kann, dessen sich die Schul-Wissenschaft befleißigt hat. Generationenlang hat sie versucht, die Grundvorgänge des Kosmos und des Mikrokosmos und sogar die des Lebens allein physikalisch und chemisch, also materiell zu erklären. Immer wieder ist sie dabei auf die Dimension des Geistigen, des Seelischen, des Metaphysischen gestoßen, aber sobald dies geschah, hat sie allergisch die Augen geschlossen, als gäbe es diese Dimension nicht. Es war ein asketischer Krampf: Menschen, die selber denken und fühlen und für die ja, wie für jeden Menschen, ihr eigenes Denken und Fühlen das Wichtigste auf der Welt ist, versuchten, die Welt zu erklären, als gäbe es Denken und Fühlen nicht.

Der französische Psychoanalytiker Pierre Solié hat einmal die Frage gestellt: „Glauben Sie denn, die Physiker hätten je die Gesetze des Atoms entdecken können, wenn sie nicht selbst aus diesen Atomen bestünden?" Entsprechend darf gefragt werden: Kann man denn glauben, die Menschen hätten je schöpferischen und tätigen, liebenden und erkennenden Geist bewiesen, wenn sie nicht aus Geist bestünden?

Deshalb sind es gerade die schöpferischsten Wissenschaftler gewesen, die genialsten, diejenigen, die am meisten von Geist durchdrungen sind, die – in Medizin, Physik, Biologie und Chemie – die geistigen, psychischen und metaphysischen Kräfte nicht etwa geleugnet und ausgeklammert, sondern im Gegenteil in ihre wissenschaftliche Arbeit einbezogen haben – oder in den Worten Charons: „. . . die metaphysische Betrachtung (ist) mit den größten wissenschaftlichen Leistungen untrennbar verbunden . . . (und stellt) eine starke Antriebskraft für den Fortschritt der Erkenntnis dar . . . – mit oder ohne die Approbation der Herren ‚Wissenschaftsgläubigen'."

Und schließlich Max Planck, der Mann, der die Quantenmechanik und die Teilchen-Physik, wie sie sich heute darstellt, begründet hat und auf den sich die „Schul-Wissenschaft" in ihrem Materie-orientierten Denken beruft – zu Unrecht, wie das folgende Zitat deutlich macht: „Es gibt keine Materie an sich! Nicht die sichtbare, aber vergängliche Materie ist das Reale, Wahre, Wirkliche, sondern der unsichtbare, unsterbliche Geist . . . Da aber Geistwesen nicht aus sich selbst sein können, sondern geschaffen worden sein müssen, so scheue ich mich nicht, diesen geheimnisvollen Schöpfer ebenso zu nennen, wie ihn alle alten Kulturvölker der Erde früherer Jahrtausende genannt haben: – Gott!"

aus: Nada Brahma: Die Welt ist Klang

III
Ich höre – also bin ich

1. Wir beginnen: hörend

Der menschliche Embryo – also jeder von uns – ist noch keinen Zentimeter groß (acht oder neun Millimeter[1] – sieben oder acht Tage nach der Befruchtung der weiblichen Ei-Zelle; eben erst ist das kleine Zellbündel, das da zu wachsen beginnt, aus der Gebärmutter nach oben in den Uterus gewandert, damit es dort mehr Platz findet), da sind bereits mikroskopisch kleine Ansätze zur Bildung von Ohren an ihm erkennbar. Und dann wachsen diese Ansätze unverhältnismäßig schnell, und viereinhalb Monate nach der Befruchtung ist unser eigentliches Hörorgan, das sogenannte Labyrinth mit der Cochlea, komplett fertig.

Noch erstaunlicher ist, daß es gleich in seiner endgültigen Größe fertig ist. Wir alle wachsen, bis wir achtzehn oder neunzehn Jahre alt sind. Wir besitzen nur ein einziges Organ, das seine endgültige Größe erreicht, lange bevor wir geboren werden – unser Innenohr. Wir müssen noch einmal so lange im Bauch unserer Mutter verbringen – noch weitere viereinhalb Monate –, und dennoch ist unser eigentliches Hörorgan fertig.

Da ist also ein kleines Wesen, das hören will – mit einer Zielstrebigkeit, die die Wissenschaftler immer wieder verblüfft. In allem ist es von der Mutter abhängig – Atem, Blutkreislauf, Ernährung, Verdauungs- und Reinigungsfunktionen –, nur eines will es unbedingt selbst – so schnell wie möglich: hören!

---

[1] Nach Alfred Tomatis (auch weiterhin in diesem Kapitel). Die Angaben der Forscher differieren um wenige Millimeter und Tage.

55

Sogar die für unser erwachsenes Bewußtsein so wichtige Gabe des Geschlechtes beginnt sich erst nach etwa sechs Wochen auszuprägen. Aber das Ohr nach sieben bis acht Tagen!

Wie früh der Hörsinn in der Ontogenese des Lebens einsetzt, wird noch deutlicher bei Wesen, deren Lautsinn ähnlich reich entwickelt ist wie der der Menschen: bei den Vögeln. Da piepen und zirpen die kleinen noch nicht ausgeschlüpften Küken bereits im unversehrten Ei. Sie täten das nicht, wenn sie nicht hören könnten – in ihrer dünnen, sie schützenden Schale.

2. Wir enden: hörend

Gehen wir nun ans andere Ende unseres Lebens – wenn wir sterben. Die moderne Sterbeforschung – Elisabeth Kübler-Ross und andere, die Tod und Sterben so plötzlich in unser Bewußtsein gerückt haben – (aufschlußreich ja für die Verdrängung des Todes in der westlichen Welt, daß Sterbeforschung eine so neue Disziplin ist – noch eben hätte kaum jemand an etwas Derartiges gedacht), . . . diese Sterbeforschung hat gezeigt: Wenn wir sterben – wenn alle unsere Sinne erlöschen – wenn wir vor lauter Schmerzen, die wir dann vielleicht haben, schon lange nichts mehr fühlen können – schon längst die Augen geschlossen halten – schon nichts mehr schmecken und nichts mehr riechen –, dann ist der Sinn, der bei der Mehrzahl der Menschen als letzter erlischt, der Hörsinn.

Deshalb richten sich die Aufforderungen des Tibetanischen Totenbuches – das weiseste Buch, das die Menschheit über Tod und Sterben besitzt (da gab es „Sterbeforschung" schon vor achthundert Jahren!) – an den Sterbenden als an ein hörendes Wesen. Absatz für Absatz in diesem Buch – auf weite Strecken – beginnt mit den Worten „O Edelgeborener, höre!" Ja, die Anweisungen, die da gegeben werden, richten sich auch an den bereits Gestorbenen, das Totenbuch ist also der Überzeugung, daß unser Hörsinn uns noch über die Grenze zwischen Leben und Tod hinausführe.

3. Hören = Sein

Damit ist deutlich: Keiner unserer Sinne deckt die Strecke, auf der wir in diesem Leben verweilen, so vollständig ab wie unser Hörsinn.

Deshalb immer wieder die „Ontologische Gleichung" (die Ontologie ist die Wissenschaft vom Sein): Hören = Sein.

Wenn wir aufhören zu hören, dann hören wir auf zu sein!
Wenn wir beginnen zu hören, dann beginnen wir zu sein!
ich höre – also bin ich!

Lauschen wir einen Augenblick dem Wort „aufhören" nach. Die Sprache kann es nur deshalb gebildet haben – nur deshalb macht es seiner linguistischen Struktur nach Sinn –, weil Sprache, lange bevor unser Kopf dies erkannt hat, ahnt, fühlt, weiß: Wenn wir aufhören zu hören, dann hören wir auch mit irgendeiner Tätigkeit, die uns gerade beschäftigen mag, auf: Dann hören wir auf, etwas zu tun, zu gehen, zu reden, zu leben, hören letztlich auf zu sein.

Und daß dieses Wort außerdem noch die andere Bedeutung hat: Aufhören! Mit besonderer Achtsamkeit und Bewußtheit hören!, das macht diesen Befund noch relevanter.

Viele Menschen denken, wenn jemand sagt „Ich höre – also bin ich", an das berühmte Wort des Descartes: „Ich denke – also bin ich" – ein Wort, das drei Jahrhunderte abendländischen Denkens begleitet und geformt hat wie kaum ein anderes. Es bildet eine Grundlage unseres modernen Wissenschaftsdenkens.

Es ist dieses Wort – „*Cogito, ergo sum*" –, das dazu geführt hat, daß wir Existenz immer mehr auf den Kopf reduzierten und unsere leib-seelische Einheit – die Erfahrung des *ganzen* Menschen und des wahren Seins in seinem Reichtum und seiner Fülle – verloren haben. Wir leben kaum noch. Ich weiß nicht, von wem ich diesen Satz abschreibe. Er ist so allgegenwärtig, daß man ihn von den Gesichtern der Fahrgäste öffentlicher Verkehrsmittel ablesen kann. Wir leben kaum noch, weil wir drei Jahrhunderte lang geglaubt haben – und es war wirklich ein Glaubenssatz: „Ich denke – also bin ich."

Wie ist es möglich, daß uns die Absurdität dieses Satzes während rund zehn Generationen menschlichen Denkens, Forschens, Lebens nicht aufgefallen ist? Am intensivsten bin und lebe ich doch gerade dann, wenn ich nicht denke. Im Erlebnis einer Landschaft. Auf dem Gipfel eines Berges. Vor – oder gar in – den Wellen des Meeres. Eingetaucht in den Klangwellen einer Musik.

Am allerstärksten und am allerintensivsten „bin" ich in der Liebe – in ihrer Lust und Ekstase. Jede(r) hat das schon bemerkt: Wenn ich da zu denken anfange, mache ich die ganze Erfahrung kaputt – die intensivste Seins-Erfahrung, die wir machen können.

Haben abendländische Philosophen eine solche Erfahrung nicht gemacht? Natürlich haben sie. Aber sie haben ihr Leben und Lieben so sehr von ihrem Denken abgekoppelt, wie es der Satz „Ich denke – also bin ich" postuliert.

Schon ein Zeitgenosse von Descartes spottete: „Wenn Cartesius (so wurde er damals genannt) meint: ‚Ich denke, also bin ich', dann könnte er ebensogut gesagt haben: ‚Ich furze, also bin ich.'"

Und Paul Valéry – einer der großen Rationalisten unseres Jahrhunderts, keines esoterischen Denkens auch nur im geringsten verdächtig – umkreiste Descartes' Satz sein Leben lang und kam zu dem Ergebnis: „Manchmal denke ich, und manchmal bin ich."

Gegen Ende seines Lebens sah er: „Ich denke, also bin ich nicht."

Goya hat eine berühmte Zeichnung gemacht, der er den Titel gab: „Der Traum der Vernunft erzeugt Ungeheuer." Diesen Traum haben die Philosophen, Denker, Wissenschaftler, Techniker des Abendlandes geträumt – bis wir heute in der Tat von Ungeheuern umgeben sind. Von jenen Ungeheuern, die das Überleben der menschlichen Gattung auf diesem Planeten immer fraglicher machen. Die Ungeheuer sind nicht andere. Die Ungeheuer sind wir. Denn wir alle – oder fast alle – haben ja den Traum der Vernunft geträumt – mit Inbrunst und Hingabe.

Es ist auch an der Zeit, daß wir uns den Hochmut und die Überheblichkeit dieses Satzes „Ich denke – also bin ich" vergegenwärtigen. Hochmütig ist er insofern, als er den vielen, vielen Lebewesen auf diesem Planeten, die nicht – oder wenig? – denken, das Seinsrecht abspricht. Ich konstruiere das nicht. In der Tat hat Descartes' Satz jenes Wissenschaftsdenken begründet, das seinerseits die Basis einer Wissenschaftspraxis ist, die dazu geführt hat, daß heute täglich (!) etwa fünfzig Arten – jede einzelne unter ihnen eine in Millionen von Jahren entwickelte und bewährte Lebens- und Seinsform – unwiederbringlich ausgelöscht werden.

Gar nicht mehr so fern am Horizont wird das Ziel dieses Satzes sichtbar – ein mörderisches Ziel: Ich denke – also bin ich, folglich bin ich, der denkende Mensch, allein – und niemand, kein anderes Lebewesen, ist außer mir.

4. Was will es hören?

Gehen wir noch einmal zurück an den Ausgangspunkt: Da ist also ein kleines Wesen, das unbedingt und so schnell wie möglich hören will. Was will es hören?

Ich möchte diese Frage mehrfach stellen. Wir werden Antworten darauf finden, werden diese Antworten wohl auch für richtig befinden, wollen sie dennoch hinterfragen – und immer weiterfragen: Was will es hören? Diese Frage wird den folgenden Gedanken unterlegt sein wie ein Generalbaß – wie die *„drone"*, der Grundton der indischen Musik –, allen unseren Gedanken Bezug und Zusammenhalt gebend.

Also – was will es hören?

Früher hat man geantwortet – und das liegt ja auch nahe und ist richtig: Es will die Mutter hören! Den Herzschlag der Mutter, das Ur-Metrum, an das wir alle angelegt sind, vielleicht auch all das viele, was da unten im Bauch der schwangeren Frau blubbert und schwappt, rauscht und strömt – unendlich anregend für ein Wesen, das noch wenig gehört hat. Sicher will es auch hören, was die Mutter sagt. Seltsamerweise kann es hohe Frequenzen sehr viel besser hören als tiefe. Es kann seinen Vater, zumal wenn er eine tiefe Stimme besitzt, nicht oder nur sehr undeutlich hören – selbst dann, wenn der Vater ganz nah bei der Mutter spricht. Es entwickelt die Fähigkeit, tiefe Frequenzen hören zu können, erst kurz vor der Geburt – und auch dann behält es in seinem Innenohr dreimal so viele Haarzellen für hohe, also in weiblichen Lagen schwingende Frequenzen, wie Haarzellen für tiefe Schwingungen.

Also: Es will die Mutter hören. Jedem leuchtet diese Antwort ein, denn – was es letztlich hören will, wenn es die Mutter hört, ist: Es will Liebe hören. Will hören, daß es angenommen und erwartet wird und willkommen ist, daß es als Partner akzeptiert wird.

Könnte es sein, daß der Impuls, Liebe hören zu wollen – in einem so entscheidenden und frühen Moment unseres Daseins tief in uns verankert –, ein Impuls unseres Hörens ein Leben lang bleibt? Immer wieder machen wir ja die Erfahrung: Es gibt eine große Nähe zwischen Hören und Lieben. Diese Erfahrung ist so elementar, daß sie nur den überraschen kann, der sie inzwischen verdrängt hat. Die Erfahrung lautet: Liebe kann man/frau sehr viel leichter hören – und fühlen – als sehen, man täuscht sich leicht, wenn man sie zu sehen meint . . .

Versetzen wir uns ruhig noch ein wenig mehr in die Situation des kleinen Embryos. Wir haben gesagt: Er möchte Liebe hören. Liebe – natürlich – kann man auch fühlen. Was ist der Zusammenhang zwischen Fühlen und Hören? Ganz am Anfang, wenige Tage nach der Befruchtung der Eizelle, beginnt der Fötus, noch bevor er ein Embryo ist, die Organe des Ohres aus genau dem gleichen Ektoderm – der gleichen Zellschicht – zu bilden, aus der er seine Haut bildet. Die Haut fühlt, das Ohr hört.

Es gibt also den Zusammenhang zwischen Fühlen und Hören, zwischen Haut und Ohr von Anfang an. Wer sich in evolutive Vorgänge hineinversetzen kann, spürt: Das kleine Wesen, dessen Leben gerade begann, möchte fühlen – und da noch nicht so viel zu fühlen ist, intensiviert es sein Fühl-Potential. Also macht es aus Haut-Material Ohr-Material. Wir können das unser ganzes Leben lang beobachten, jeder Liebende weiß es: Fühlen intensiviert Hören. Das beginnt hier. In mancher Hinsicht tun wir das unser Leben lang – aus Haut-Material Ohr-Material machen – und natürlich auch aus Fühl-Material Hör-Material.

Der kleine Fötus schwimmt im Fruchtwasser – und da wird deutlich: Auch dazu braucht er ja Ohr! Er muß sich ja orten, Gleichgewicht halten – gerade am Anfang, wenn er noch sehr klein ist und die Menge des Fruchtwassers als etwas sehr Großes wirkt – so groß wie ein Meer. Um darin schwimmen und schweben zu können, braucht er seinen Vestibulär-Apparat, den Gleichgewichtssinn, und der sitzt in demselben Labyrinth im Innenohr, in dem auch die Cochlea sitzt. Er ist nicht etwas Zusätzliches, er ist Ohr. Später zum Beispiel dient er auch dazu, Rhythmen hören und analysieren zu können.

Schon in der Phylogenese, der Entwicklung der Arten vor Millionen von Jahren, haben sich Gleichgewichts- und Hörsinn parallel zueinander und miteinander entwickelt. Alfred Tomatis hat gezeigt: Das „Ur-Ohr" begann in der Seitenlinie, die die Fische brauchen, um im Meerwasser Gleichgewicht halten zu können. Damit sie das besser konnten, bildeten sie sich in der Seitenlinie ein kleines Säckchen, die sogenannte *otolithische Vesicula*, in die sie sich ein ganz kleines Kalkgebilde aus dem Meerwasser einfingen. Das schwamm darin herum wie in der Blase einer Wasserwaage (wie sie Schreiner und Bauarbeiter benutzen). Wo immer das kleine Steinchen anstieß, signalisierte es: Du bist nicht im Gleichgewicht.

Diese *Vesicula* ist die Urform nicht nur des Ohres, sie ist auch – so Tomatis – das „Ur-Hirn".

Und natürlich brauchen wir das kleine Steinchen immer noch. Nur können wir es inzwischen nicht mehr aus Ozeanen einfangen. Wir müssen es aus eigenem Zellmaterial bilden. Noch immer schwimmt es in einer Art „*Vesicula*", die wir inzwischen „Labyrinth" nennen. Es schwimmt in einer Lymphe, die die Meerwasser-ähnlichste Flüssigkeit unseres Körpers ist, ja die Forscher schließen aus ihr, wie sich das Wasser der Ozeane vor Millionen Jahren zusammengesetzt haben könnte.

Für uns moderne Menschen mögen es zwei verschiedene Dinge sein – Gleichgewicht halten und hören. Für die Fische war es das gleiche. Was sie brauchten, war einfach:

In Kommunikation zu sein mit dem aquatischen Milieu, in dem sie herumschwammen. Der Akzent liegt auf dem Wort „Kommunikation". Denn das macht unser Ohr, Millionen von Jahren später, immer noch – nur inzwischen erheblich differenzierter. Es ermöglicht uns Kommunikation.

Die Evolution hat sehr lange gebraucht, um diese Entwicklung zu vollziehen. Deshalb haben die Gene viel Zeit gehabt, sie zu lernen – und haben sie gründlich gelernt. Der kleine Fötus in seinem Fruchtwasser – immer noch von den gleichen Genen programmiert – schafft es in wenigen Wochen.

5. Der leistungsfähigste unserer Sinne

Wir haben gefragt: Was will der kleine Embryo hören? Wir haben eine – ziemlich befriedigende – Antwort gefunden. Dennoch spüren wir: Das kann die ganze Antwort nicht sein. Wir spüren das um so deutlicher, wenn wir uns die unerhörte Empfindlichkeit unseres Hörsinnes vergegenwärtigen – der empfindlichste unserer Sinne. Wir können Schwingungen hören noch kleiner als eine Lichtquelle, zehnmal kleiner noch als ein Wasserstoffatom – können also in Bereiche hineinhören, die unseren Augen einfach aus Gründen physikalischer Gesetzmäßigkeiten verschlossen bleiben müssen.

Nach jedem denkbaren Parameter ist unser Ohr dem Auge überlegen. Es ist sensibler, genauer, schneller, leistungsfähiger, weniger täuschungsanfällig. Der Wahrnehmungsspielraum – der *range* – unseres Auges ist etwa eine Oktave breit: von Violett (380 Nanometer) bis Purpur (760 Nanometer) – den beiden Farben am jeweils äußersten Ende der sichtbaren Farbskala – verdoppelt sich gerade die Wellenlänge, also eben eine Oktave. Aber wir können in einem *range* von rund zehn Oktaven hören.

Die Physiognomie mißt die Schnelligkeit einer Wahrnehmung, indem sie zwei aufeinanderfolgende Reize so dicht aneinanderrückt, bis nur noch ein einziger Reiz wahrgenommen wird. Auf diese Weise wird meßbar: Unser Auge braucht 20/1000 Sekunden, um zwei aufeinanderfolgende Reize noch unterscheiden zu können, das Ohr lediglich 3/1000 Sekunden. Das Ohr also ist fast siebenmal schneller. Wenn wir so schnell sehen könnten, wie wir hören können, wir würden unser Informationsmedium Nummer eins, das Fernsehen, als das durch-schauen, was es lediglich bietet: Punkte und Striche.

Schließlich die Dynamik: Unser Ohr kann Intensitäten zwischen 10^{-1} und 11^{+6} verarbeiten – das ist ein millionenfacher Wert. Würden wir unser Auge einer solchen Dynamik aussetzen, wir würden sofort, geblendet, erblinden. Unser Ohr verkraftet sie spielend.

Unser Ohr mißt – mit mathematischer Genauigkeit. Auch der unmusikalische Mensch kann das überprüfen, auch er kann die Stimmigkeit einer Oktave genau erkennen, auch sein Ohr also kann das 1:2-Verhältnis auf die Schwingung genau messen. Nichts Vergleichbares ist dem Auge möglich. Jeder Student der Physiognomie lernt diesen Satz: „Das Ohr mißt – das Auge schätzt."

Die alte Biologie hat noch gelehrt, wir hätten die größte Konzentration von Nervenendungen – also von Wahrnehmungsfülle und -dichte – in unseren Geschlechtsorganen, vor allem in der weiblichen Klitoris, dem einzigen menschlichen Organ, das nur der Lustwahrnehmung dient (und deshalb, wie die Forschung gezeigt hat, in der Sozialisierung des Menschen große Bedeutung hatte); alle anderen lustempfindlichen Organe dienen immer auch noch einem weiteren

Zweck, und man kann darüber streiten, welcher der beiden Zwecke sich des anderen bedient, um „wirken" zu können.

Inzwischen wissen wir: In unserem Innenohr gibt es dreimal so viele Nervenzellen und -endungen wie in unseren Geschlechtsorganen. Dort also hat die Evolution unsere dichteste Wahrnehmungsfülle – damit auch Lustfülle! – angesiedelt.

Auch das wieder weiß die Sprache. Englisch *to listen* = hören kommt aus der gleichen Sprachwurzel wie das englische und deutsche Wort *Lust*. Im Schwyzerdütsch gibt es den Zusammenhang immer noch: hören heißt dort *losen*, ein Wort, das in verschiedenen Abwandlungen auch in einzelnen Gegenden Österreichs (Vorarlberg, Steiermark etc.) noch gebräuchlich ist; bis zur Zeit des Mittelhochdeutschen wurde es im ganzen deutschen Sprachraum verwendet.

Wieviel Lust also, wieviel Lebensfülle und Wahrnehmungsreichtum lassen wir uns entgehen, wenn wir unser Ohr so stiefmütterlich behandeln, wie das in unserer Zivilisation üblich geworden ist?

Die 30 000 Haarzellen, die wir in unserem Innenohr – in der Cochlea – haben, stehen dort in etwa 100 Vierer-Reihen. Im Elektronenmikroskop sieht das aus, als seien sie aufgereiht wie die Tonfiguren-Armee der chinesischen Kaiser in Tonkin – jedes einzelne Härchen (Stereozilie) eine winzigkleine Figur. Erst seit kurzem weiß man, daß sie Eiweißelemente enthalten, wie sie auch im Muskelgewebe vorkommen, und die Basis für Kontraktionen bilden. Sie können also – der Erlanger „Hör-Professor" Manfred Spreng weist darauf hin – aktiv sein. Entsprechend reagieren sie. Wenn ein Ton erklingt, richten sich immer auch schon die Zilien der nächstverwandten Obertöne – Oktaven, Quinten, Quarten – auf. Natürlich geschieht dies in Bruchteilen von Millisekunden. Es sieht aus, als „warteten" sie darauf, auch jeweils die harmonisch verwandten Töne empfangen – hören – zu können. Wie Menschen, die sich aufrichten, um irgend etwas, das sie gern hören möchten und das nur sehr leise wahrnehmbar ist, besser hören zu können.

Diese Beachtung ist musikalisch interessant. Sie deutet darauf hin, daß unser Ohr eine Disposition besitzt, der es nicht gleichgültig ist, welcher Ton erklingt. Die Töne sind ihm nicht – wie es etwa die Anhänger von 12-Ton- und serieller Musik behauptet haben – gleichberechtigt. Die Zilien bevorzugen Töne, deren Schwingungen sich im Verhältnis ganzer Zahlen zur Grundschwingung befinden, also – wie man das gemeinhin ausdrückt – harmonisch verwandte Töne. Ich habe gesagt: Die Zilien bevorzugen Töne . . ., aber weil die Zilien sie bevorzugen, tun das natürlich auch wir, die Träger der Zilien.

Besonders erstaunlich ist die Schnelligkeit, mit der sich derartige Reaktionen abspielen. Manfred Spreng hat nachgemessen: Um – zum Beispiel – einen Plosivlaut – also das „p" – vor dem „l" in dem Wort „Plosiv" erkennen zu können, müssen die kleinen Zilien – je nach Sprachgeschwindigkeit – in 30 bis 80 Millisekunden reagieren – sich also anspannen und sich dann natürlich auch wieder entspannen, um für den nächsten Laut bereit zu sein. Um die Übergänge zwischen Konsonanten und Vokalen zu erfassen, ist eine Analyse der Frequenzen „während einer mittleren Dauer von ungefähr 300 bis 400 Millisekunden notwendig" (Spreng), das heißt: In dieser Zeit müssen jeweils Tausende Härchen Energie aufnehmen, umsetzen und an das Gehirn weiterleiten.

Schließlich ist noch aufschlußreich, wie die Natur diesen ganzen so wunderbar sensiblen und leistungsfähigen „Apparat" geschützt hat im Felsenbein. So nennen die Otologen den Knochen, der Labyrinth und Cochlea umgibt. Es ist das mit Abstand härteste Knochengebilde des menschlichen Körpers – von elfenbeinartiger Widerstandsfähigkeit. Wie wichtig also muß der Natur unsere Hörfähigkeit sein! Nicht einmal das Gehirn hat sie so sorgfältig geschützt.

Ich gehe deshalb so ausführlich auf die Leistungsfähigkeit unseres Hör-Organes ein – auf seine Überlegenheit in jedem denkbaren Parameter –, weil dadurch deutlich wird, wie sehr wir die Gewichtungen verrutschen ließen, als wir begannen, unseren Sehsinn so grundsätzlich, wie der westliche Mensch das tut, über den Hörsinn zu stellen.

Kein Zweifel, die Mehrheit der westlichen Menschheit würde es für viel schlimmer halten, blind zur Welt zu kommen als taub. Jeder Arzt, jeder Physiologe, jeder Verhaltensforscher weiß: Das Gegenteil ist richtig. Weil unser Ohr mehr wahrnimmt – und dieses Mehr auch genauer.

Oliver Sacks in seinem schönen Buch über die Tauben: „Gehörlos zur Welt zu kommen ist unendlich viel schlimmer, als blind geboren zu werden . . . Nur mittels der Sprache können wir uns das Menschsein und die menschliche Kultur wirklich aneignen, frei mit unseren Mitmenschen kommunizieren und Informationen aufnehmen und weitergeben. Sind wir dazu nicht in der Lage, so sind wir . . . auf bizarre Weise verkrüppelt und abgeschnitten; ja wir können unsere intellektuellen Fähigkeiten möglicherweise in so geringem Maße umsetzen, daß wir den Eindruck geistig Behinderter machen."

Bahnen wir nicht auch mit der Überschätzung unseres Seh- und der Unterschätzung unseres Hörsinnes jenen Zustand an, auf den die moderne Gesellschaft zusteuert – den der Entfremdetheit, des Abgeschnittenseins, des Getrennt- und Isoliertseins? Der Kommunikation allenfalls noch über den Bildschirm – mit Maschinen statt mit Menschen? Schon Immanuel Kant wußte:

„Nicht-sehen trennt den Menschen von den Dingen.
Nicht-hören trennt den Menschen vom Menschen."

Bewirkt dies unsere Seh-Fixation. Dinge-Fixation?

6. Das Rauschen der Zellen

Wir bleiben bei der Frage „Was will es hören?" Es ist deutlich geworden: Um nur das hören zu können, was da im Bauch einer schwangeren Frau zu hören ist, brauchte der kleine Embryo nicht so schnell und so zielstrebig einen so erstaunlich empfindlichen Hörsinn zu entwickeln.

Alfred Tomatis, der bedeutende französische Hörforscher, auf den ich mich hier beziehe, sagt, der Embryo könne sogar das „Rauschen der Zellen" hören; Tomatis interpretiert dieses Rauschen als den „Klang des Seins" und den „Klang des Lebens". Der Embryo höre auf diese Weise sein eigenes Leben, er höre: Ich lebe, ich bin.

Müssen wir nicht annehmen, so fragt Tomatis, daß das kleine embryonale Wesen deshalb so schnell hören will, weil es diesen Klang vernehmen will, den „Klang des Seins?" Daß es deshalb hören will, bevor es irgend etwas anderes ausprägt – irgendeinen anderen Sinn, irgendeine andere Funktion –, und daß es vielleicht sogar deshalb die Empfindlichkeit für hohe Frequenzen so besonders stark entwickelt? Was sonst ist denn da noch zu hören in den Dimensionen, in denen es hören kann? Ist deshalb, so fragt Tomatis, der ein nüchterner Wissenschaftler und Hals-Nasen-Ohren-Arzt in Paris ist, ist deshalb unser Ohr so ungeheuer empfindlich geworden? Unser Trommelfell kann noch auf ein Millionstel des normalen Luftdrucks reagieren.

Unser Hörsinn hat sich – wie alle unsere Sinne – vom Derberen zum Feineren, also vom Lauten zum Leisen entwickelt; auf die leisesten Lautstärken also strebt er hin. Warum tut er das – mit so erstaunlicher Zielstrebigkeit? Könnte es sein, so fragt Tomatis, daß vielleicht all die anderen Dinge, die wir hören, nur – diesen Ausdruck gebrauchte er – „Abfall-Produkte" sind, die uns auf dem Wege zum Allerleisesten zwangsläufig zufallen? Der „Klang des Seins", das „Rauschen der Zellen", das ist es, was angestrebt wird, darauf kommt es dem Hörsinn an. Weil dies gehört werden will, muß eben auch all das andere, das so viel lauter ist – Sprache und Musik, der Herzschlag der Mutter und all das andere –, mitgebracht werden. Das also, was uns als das eigentliche und höchste Ziel der Hörwahrnehmung erscheint, als „Abfallprodukt", das einer Evolution, die noch viel Feineres anstrebte, nur gleichsam so nebenbei zufiel!

Also: Der Embryo hört das Rauschen der Zellen. Wir begreifen: Wir müssen weiter fragen: Was will er hören? Denn was für ein evolutiver Sinn könnte darin liegen, das Rauschen der Zellen hören zu wollen?

7. Muscheln in meinem Ohr

Fast jeder hat einmal ein Kind beobachtet, das eine Muschel ans Ohr hält, hat diesen staunenden, sich wundernden, fragenden, manchmal fast ein wenig verklärten Gesichtsausdruck wahrgenommen, den das Kind hat, wenn es der Muschel lauscht (ein Ausdruck, den ja auch viele Erwachsene haben, wenn sie einer Muschel zuhören).

Was hört das Kind? Man kann sagen: Es hört Rauschen. Aber rauschen tun auch der Wind und der Wald – und, wenn man weit genug von ihr fort ist, die Autobahn. Was also hört es?

Vergegenwärtigen wir uns, was der Embryo, wenn er so eilig bestrebt ist, sein Hörorgan zu formen, in einem morphologischen Sinne tut. Man kann sagen: Er bildet Muscheln. Das äußere Ohr nennen wir ja auch die „Ohrmuschel", doch sitzen dahinter andere Muschelformen: die Cochlea, sowohl die häutige wie die knöcherne, das Labyrinth, die Bogengänge – all das hat Muschelformen. Lauter Muscheln, die aufeinandersitzen – große und kleine. Vielleicht haben Sie das einmal am Meer beobachtet – an Felsküsten: mehrere übereinandersitzende Muscheln in verschiedenen Formen und Größen, eine Kolonie, ein Biotop aus Muscheln. So einem Biotop gleicht, morphologisch gesehen, unser Ohr.

Könnte es also sein, daß der Embryo genau das tut, was später das Kind so gern tut: sich Muscheln ans Ohr halten?

Und – so könnte man es ironisch ausdrücken – damit er sie nicht ständig zu halten braucht, läßt er sie an- und einwachsen? Und dann staunt er – wie später das Kind – staunt und wundert sich über das, was er – jetzt – zum ersten Mal – hören kann: dieses geheimnisvolle Rauschen in hohen Frequenzen – dem Rauschen der Meeresmuschel ähnlich?

Könnte es sein, daß das Kind deshalb – später – diesen verklärten, sich wundernden Ausdruck gewinnt, wenn es die

Muschel ans Ohr hält? Erkennt es etwas wieder, was es schon einmal – vor langer Zeit, als es ihm sehr, sehr gut ging – gehört hat – monatelang staunend, sich windend über dieses rätselhafte Rauschen, sich fragend: Was rauscht denn da?

Ein *Déjà vu* aufs Akustische übertragen: *déjà écouté* – schon mal gehört?

8. Das Hör-Potential dehnen?

Lassen wir unsere Frage nicht aus dem Sinn. Was will es hören? Ein dem Rauschen der Muschel ähnliches Rauschen? Das kann ja wohl nicht der Sinn einer so aufwendigen Evolution gewesen sein.

Warum hat die Evolution nicht aufgehört, unseren Hörsinn zu entwickeln, etwa an der Grenze, bis zu der hin Hören für unser Überleben erforderlich ist? Bei geflüsterter Sprache, beim Rascheln des Laubes, beim leisen Summen eines Insektes, beim Rauschen und Weben von Wind. Warum führte sie den hörenden Menschen so entschlossen und so direkt über diese Grenze hinaus – bis an jene äußerste Schwelle zum Schweigen und zur Stille, an der wahrnehmbar wird, was der Wissenschaftler Alfred Tomatis das „Rauschen der Zellen" nennt? Hat sie es womöglich getan, weil sie wollte: Lausche dich mit deinen Ohren an diese Grenzen heran? Höre bis an die Schwelle, an der – wie der Dichter sagt – „das Schweigen nistet"!

Folgen wir dieser Aufforderung? Der Mensch hat das Bedürfnis, das Potential, das die Natur ihm gegeben hat, zu dehnen – es immer reicher und weiter und leistungsfähiger zu machen. Dem, beispielsweise, verdankt sich Sport – dem Bestreben jedes Menschen, immer noch schneller zu laufen, höher zu springen, weiter zu werfen, ausdauernder zu sein. Was der Sportler – und in jedem Menschen steckt eine kleine Sportlerin bzw. ein kleiner Sportler – letztlich anstrebt, ist nicht das Übertreffen des Rekordes der Konkurrentin bzw. des Konkurrenten, sondern das Überbieten der eigenen Bestleistung.

Sport treiben wir nicht nur in körperlicher Hinsicht. Auch der Denker, der Philosoph, der theoretische Physiker übertrifft ständig Rekorde von gestern. Was Stephan W. Hawking, der große gelähmte englische Kosmologe, heute denkt, ist so kompliziert, daß es noch vor 20 Jahren von niemandem gedacht werden konnte. Heute kann ihm zumindest die Avantgarde der Physiker folgen. Was Einstein um die Jahrhundertwende gedacht hat, war so schwierig, daß kaum jemand ihm folgen konnte. Heute versteht schon der Bildungsbürger die Grundzüge der Relativitätstheorie.

Es ist uns – vielleicht unseren Genen – einprogrammiert, uns selbst zu übertreffen, unser Potential – das körperliche, das geistige, jede Art von Potential – zu dehnen. Uns macht das Spaß – bei uns selbst und bei anderen. Deshalb ist Guiness' „Buch der Rekorde" ein Bestseller. Was wir selber nicht übertreffen können, tun andere für uns. Unsere Kinder sollen es besser haben.

Soweit ich sehen kann, folgen wir diesem Impuls in jedem möglichen Bereich. Ich sehe nur einen, in dem wir ihm nicht folgen – beim Hören!

Allenfalls könnte man sagen: Auf der einen Seite unserer Hör-Dynamik – in Richtung auf große und größte Lautstärken –, da sind wir bestrebt, unser Potential zu dehnen – zu immer noch größerem Lärm, noch lauterer Musik. Mit dem bekannten Ergebnis: Gerade dadurch beschränken wir unsere Hörfähigkeit.

Zwei Untersuchungen – unabhängig voneinander, die eine an der University of Baltimore, die andere an der Züricher Universität – belegen: Junge Menschen der westlichen Welt heute zwischen 20 und 25 Jahren haben das durchschnittliche Hörvermögen 70jähriger Afrikaner.

Auf der anderen Seite – in Richtung auf die leisen und leisesten Laute – ist ohnehin kaum noch jemand bestrebt, sein Potential zu dehnen. Im Gegenteil, wir verschütten es durch die tägliche Lawine aus Lärm.

Letztlich ist es unsere einseitig visuelle Weltwahrnehmung, die dazu führt – und bereits geführt hat –, daß wir unser Hör-Potential immer mehr schrumpfen lassen. Wir benutzen es nur noch unvollständig. Amerikanische Verhaltensforscher haben herausgefunden: Der durchschnittliche fernsehende Mensch – also die überwiegende Mehrheit der Menschen – ruft Hörinformationen, die das Fernsehen gibt, meist nur noch dann ab, wenn das Bild allein – ohne die auditive Botschaft – nicht verständlich ist. Das genau ist die Situation: Das Ohr – unser edelster, sensibelster, leistungsfähigster Sinn – ist zum Diener des Auges geworden. Es verkümmert, wir reduzieren sein Potential.

9. Stille und Schweigen

Wir haben gesehen: Die Evolution hat uns einen Hörsinn gegeben, der viel empfindlicher ist, als wir ihn für unser Überleben auf diesem Planeten brauchen. Warum hat sie das getan? In der modernen Evolutionsforschung spielt die Idee der Finalität eine immer wichtiger werdende Rolle. Die Evolution strebt Ziele an. Welches Ziel strebte sie an, als sie unseren Ohren – als sie uns – die Fähigkeit gab, so tief in die Stille, in das Schweigen hineinhören zu können?

Wenn wir dem nachdenken, was wir über den Sport und das Denken gesagt haben, wird deutlich: Wenn uns die Evolution diese ungeheure Empfindlichkeit unseres Hörsinnes gegeben hat, dann hat sie dies getan, damit wir dies Potential nutzen.

Will sie uns also sagen – so müssen wir zwangsläufig fragen: Lausche!? Hör dort hinein, geh immer weiter heran und hinein in dieses Fast-schon-Schweigen und in die Stille!

Die Evolution gibt dem Leben Hinweise und Anstöße, wenn sie sie für notwendig hält für das Überleben. Hält sie also dies – das Hineinhören in Stille – für unser Überleben oder aus irgendeinem anderen Grunde für notwendig?

Wir haben gefunden: Der Embryo will die Mutter hören. Richtig. Aber nicht ausreichend. Es will das Rauschen der Zellen hören. Richtig. Aber wieder nicht ausreichend. Warum ausgerechnet das Rauschen der Zellen? Was für ein Sinn könnte darin liegen, dieses unmittelbar der Stille und dem Schweigen benachbarte Rauschen hören zu wollen?

Die Antworten, die wir bisher zu geben versucht haben, waren Antworten der Wissenschaft. Da Wissenschaft nichts über Stille und Schweigen sagt und wir gleichwohl die Notwendigkeit spüren, weiterfragen zu müssen, führen die beiden letzten Antworten, die wir versuchen wollen, über das Wissenschaftsdenken hinaus.

Hinausführen ist ein anderes Wort für „transzendieren". Das tut die moderne, ganzheitlich, „holistisch" denkende Wissenschaft häufig: Sie führt sich selbst hinaus.

Die theoretische Physik tut das. Die moderne Kosmologie. Die systemische Biologie. Eben darin unterscheidet sich das neue wissenschaftliche Denken vom alten, mechanistisch orientierten, das immer nur wieder zu sich selbst zurückführte. Lassen wir uns also über die Wissenschaft hinausführen und beschäftigen wir uns mit dem, worauf sie uns ja „offenhörbar" (in Analogie zu dem Wort „offensichtlich") geführt hat: mit Stille und Schweigen.

In der Sprache des japanischen Zen gibt es den Begriff: *Wabi Shabi.* Man kann jedes dieser beiden Worte für sich übersetzen. Dann bedeutet *Wabi* die Liebe zum Einfachen, auch Einsamkeit, *Shabi* meint Ruhe, altertümliches Aussehen, zum Beispiel das Moos auf den Steinen im Tempelgarten, der Rost auf Kupfer oder Eisen. Aber wenn der Zen-kundige Japaner „*Wabi Shabi*" sagt, kommt es stärker noch als auf diese beiden Worte auf den „Zwischenraum" zwischen ihnen an – und überhaupt auf Zwischenraum: zum Beispiel zwischen dem Klang der Tempelglocken – mehr die Stille zwischen den Glockenschlägen als diese selbst.

In Zen-Gärten hört man oft einen hohlen, weit über den Tempelbezirk hinwegtönenden Bambusklang. Er kommt von einem Rohr, das – im Bach des Gartens – voll Wasser läuft und, sobald es voll ist, sich – unter der Last des Wassers nach unten kippend – hallend entleert. Dadurch wieder leicht geworden, hebt es sich, läuft erneut voll und entleert sich weit tönend ein weiteres Mal – in einem immerwährenden Rhythmus, der allein durch die Stärke des Wasserflusses gesteuert wird. Wir Europäer hören natürlich in erster Linie auf den Bambusklang, aber was Zen eigentlich meint, ist nicht dieser Klang, sondern die Leere zwischen den Bambustönen. Jeder einzelne Klang soll den Hörer immer wieder neu in diese Leere – in den schweigenden Zwischenraum, in *Wabi Shabi* – führen.

Lao-Tse hat gesagt: Was das Rad zum Rade macht, sind nicht Speichen und Reifen, sondern der Zwischenraum zwischen ihnen. Und dann sagt er: „Stille heißt Rückkehr zum Ursprung. Stille heißt Wendung zum Weg."

Wir brauchen nicht Zen und den Taoismus zu bemühen: Jeder, der im Wald spazierengeht, kann es nachvollziehen. Das Entscheidende ist der Zwischenraum zwischen den Bäumen. In ihm befinde „ich" mich. Dort empfinde ich: „Wald". Ohne den Zwischenraum ist Wald nichts als: Holz.

Noch deutlicher wird das in der Musik. Es gibt große Musik, in der jeder Ton und jeder Klang auf den Zwischenraum zielt, bevor der nächste beginnt; und „Zwischenraum" ist in diesem Zusammenhang nur ein anderes Wort für „Stille".

Machen Sie folgendes Experiment: Schlagen Sie eine Klangschale an – oder ein Weinglas – und lauschen Sie: Der Ton beginnt laut und wird sofort leiser – und dann verklingt er – bis Stille entsteht. Das also ist die „Reise", auf die der Ton seine Hörer mitnimmt: die Reise in die Stille. Eine entgegengesetzte Reise ist gar nicht möglich, ja, sie meint im Grunde dasselbe, meint es noch eindringlicher: Der Ton schwillt an, und wenn er auf dem Punkt des *fortissimo* verklingt, beginnt wieder die Reise in die Stille.

Diese Beobachtung erschließt uns gleich auch noch einen zweiten „Aha"-Effekt: Das Verklingen des Tones nämlich signalisiert: Schönheit. *Jedes* Geräusch, wenn es verklingt, ist schön – wirklich jedes, auch das häßlichste! Jede(r) hat schon diese Erfahrung gemacht: Ein Geräusch verklingt – und er/sie empfindet: Ah, wie schön!

Wenn also jeder Ton auf Stille zielt und das Verklingen jedes Tones, Klanges, Geräusches Schönheit evoziert, könnte das bedeuten, daß der Ton, indem er – verklingend – uns in Stille führt, sagen möchte: Da liegt die eigentliche Schönheit! Geh da hin! In jene Schönheit, die schöner noch ist als der schönste Ton – liegt sie wirklich in der Stille? Können wir das nachvollziehen?

Der amerikanische Komponist John Cage: „Aller Klang ist fast wie Stille – eine Blase auf der Oberfläche, die sogleich zerplatzt."

Der Dirigent und Komponist Michael Gielen hat ein Gedicht von Pablo Neruda vertont, das den Titel trägt: „Die Schalen der Stille". Diese Schalen, so Gielen, bedeuten, daß das Kontinuum, das uns umgibt, Stille ist. Die „Schalen" sind die Musik. Schalen auch im Sinne von Eierschalen: Das „Gelbe" darin ist die Stille.

Schalen aber auch im Sinne von Verpackung: Wie wir ein edles Geschenk besonders schön einzupacken bestrebt sind, so umhüllen die Komponisten und Musiker der Welt ihr edelstes Geschenk – den Zwischenraum zwischen den Tönen und Klängen, die Stille, das Schweigen – mit der „Schale" ihrer Musik – und sind bestrebt, die tönende Verpackung über die Jahrhunderte hinweg immer noch edler, immer noch mehr dem darin verborgenen Inhalt angemessen zu machen: ein Bewußtsein, das gerade in der modernen Musik hoch entwickelt ist: bei Stockhausen, Nono, Ligeti, Cage, Feldman, auch bei vielen Musikern des neueren Jazz: Muhal Richard Abrams, den Musikern des Art Ensemble of Chicago, der Gruppe Oregon, James Newton, Roscoe Mitchell u. a.

Der kanadische Komponist und Klangforscher Murray Schafer: „So wie der Mensch nach Vollkommenheit strebt, zielt jeder Lautzustand auf die Stille hin, zum ewigen Leben der Sphären-Musik . . . Kann man Stille hören? Ja, wenn wir unser Bewußtsein in das Universum und die Ewigkeit ausweiten, dann hören wir Stille. Wenn der indische Yogi einen Zustand der Befreiung erreicht, dann hört er das Anahata, den nicht angeschlagenen Ton. Dann erreicht er Vollkommenheit."

Es gibt Musik-Hörer, für die ist die Pause, diese mit so viel Spannung angefüllte, vier Sekunden lange Pause vor den letzten beiden Amen in dem Schlußchor aus Händels „Messias", genauso wichtig, wie die *de facto* erklingende Musik. Ja, der Dirigent John Elliot Gardiner hat einmal gesagt, sie sei das Wichtigste am ganzen Stück. Die Musik ist lediglich „Schale", eine tönende Haut über dem Körper der Stille. Alle die vielen Amen zielen auf diese Stille. Vielleicht ist es so, als sei die Musik die Frage, aber die Antwort kommt von der Stille – Antwort als „ununterbrochene Nachricht, die aus Stille sich bildet" (Rainer Maria Rilke).

Im Radio hörte ich einmal die folgende Geschichte: Ein Sammler hatte Reden der großen Redner dieses Jahrhunderts gesammelt – Martin Luther King, Kennedy, Weizsäcker, Willy Brandt, Nelson Mandela etc. . . . Er hörte sie oft – zu oft vielleicht –, bis er schließlich folgendes tat: Er schnitt die Pausen aus all diesen Reden heraus und klebte sie aneinander – all die vielen Pausen –, warf alles übrige fort – und dann hörte er nur noch die Pausen und sagte: „Ich empfange in ihnen die gesammelte Energie all dieser großen Redner . . ."

Das ist so etwas wie eine Zen-Geschichte . . . wenn es das gibt: eine Zen-Geschichte aus Deutschland (die übrigens Heinrich Böll – in einer anderen Form – in einer Erzählung verarbeitet hat).

Es gibt eine Meditation, in der der Meditierende – oder sagen wir einfach der Hörer – genau dies erfahren kann. Die Meditation heißt „Sound and Silence" (Klang und Stille). Sie besteht im Hören von Stille, und damit man die Stille um so besser hören kann, wird sie ab und zu vom Klang einer tibetanischen Klangschale unterbrochen. Natürlich neigt der Hörer – zumal der westliche – dazu, ständig auf den Klang der nächsten Klangschale zu warten, als sei es dies, worauf es ankomme, und als müßten die Pausen zwischen den Klängen nur möglichst schnell überbrückt werden, damit bald wieder ein Klang gehört werden kann – ähnlich wie wir es vorhin in bezug auf den Bambusklang im Zen-Garten gefunden haben. In Wirklichkeit ist es umgekehrt: Jeder Klang, indem er verklingt, führt den Hörer auf die direkteste Weise in das Schweigen. Der Klang ist wie ein Fingerzeig, die Richtung des Fingers weist auf das Schweigen.

Ramakrishna: „Die Biene summt nur, solange sie sich nicht auf die Blüte gesetzt hat. Wenn sie anfängt, den Honig zu trinken, wird sie still."

Wir denken natürlich, der Lärm, mit dem wir uns umgeben haben – *wir* haben das getan, nicht die Industrie, die Autos und die Maschinen! –, der Lärm habe die Stille zerstört – und das hat er ja auch. Aber bevor der Lärm das tun konnte, mußte unser Bewußtsein Stille zerstören – und Bewußtsein tut so etwas im allgemeinen mit Sprache: indem Sprache Worte wie Stille, Frieden, Schweigen etc. negativiert hat. Wir sprechen von tödlichem Schweigen, von eisiger Stille, von Mordsstille . . . Die beiden häufigsten Verbindungen, in denen das Wort „Friede" in unserer Sprache vorkommt, sind das ärgerlich-aggressive „Laß mich doch endlich in Frieden" und das Wort „Friedhof". Wie sollen unsere Politiker Frieden finden, was verlangen wir da von ihnen, wenn dies unser Verhältnis zum Frieden ist: Aggressivität und Tod –?

Murray Schafer hat Literatur untersucht: In 80 Prozent aller Fälle, in denen er Worte wie Stille und Schweigen in moderner Literatur fand, fand er sie in negativem Kontext, während die gleichen Worte zur Zeit Goethes – und noch in der Mitte des vergangenen Jahrhunderts – vorwiegend in positiven Zusammenhängen vorkamen.

Wir morden Stille. Warum machen wir das? Haben wir Angst vor ihr? Und wenn ja, wovor haben wir da Angst? Was hört man denn da, wenn man Stille hört? Wir bleiben also bei unserer Frage.

Koans nennt man im Zen jene Aufgaben, die der Meister dem Schüler gibt und die in der Meditation gelöst werden müssen. Viele Koans erwecken den Eindruck, als könne man sie rational lösen. Macht man sich in diesem Sinne an die Arbeit, wird man früher oder später hinter die Rationalität geführt – und da liegt die Lösung. Dies ist ein Zen-Koan:

„Wenn du auslöschst Sinn und Ton,
was hörst du dann?"

Der Meditierende fragt sich das oft, vielleicht jahrelang:
„Was hörst du dann? Was hörst du dann? Und dann und dann
und dann und dann?"

Versuchen wir, diesen Vorgang nachzuvollziehen, löschen
wir Sinn und Ton aus, löschen wir auch all die Antworten,
die wir bisher gefunden haben, aus: die Mutter hören, das
Rauschen der Zellen etc., löschen wir jetzt auch Stille und
Schweigen aus, zu denen unsere immer wieder neu insistie-
rende Fragestellung uns zwangsläufig geführt hatte. Was
hörst du dann – in Stille und Schweigen? Oder hinter Stille
und Schweigen?

10. Die Innere Stimme hören

Im „Buch der Könige" gibt es eine berühmte Stelle: Da war
zuerst ein furchtbarer Sturm, der die Berge zerriß und die Felsen zerbrach – aber Gott sprach nicht. Nach dem Sturm aber
kam ein Erdbeben, das die Städte und Felder verwüstete –
aber Gott sprach nicht. Und nach dem Erdbeben kam ein
Feuer, das alles verbrannte – aber Gott sprach nicht. Nach
dem Feuer aber kam die Stille. Und im Rauschen der Stille –
da sprach Gott.

In den spirituellen Überlieferungen der Menschheit wird
ganz viel vom Hören, von Stille und vom Schweigen gesprochen. Und es ist offensichtlich – im Juden- und Christentum,
im Islam, in Hinduismus und Buddhismus, in Tibet und im
Zen, bei den Schamanen in Sibirien, in Afrika, bei Indianern,
im polynesischen Raum, bei modernen Weisen und Wissen-
den: Das Hören auf Stille und Schweigen ist ihnen deshalb
wichtig, weil es den Menschen hinführt auf das, was wir
„dann" hören. Nicht alle nennen es Gott.

Für die Inder ist es das Atman, das Höhere Selbst. Zen
nennt es den Buddha-Geist, den Buddha in dir. Die christli-

che Mystik nannte es den „Christus in dir". Viele spirituelle Meister von einst und von heute sprechen vom „Gott in dir". Für die Transpersonale Psychologie ist es das Höhere Selbst, für andere der Beobachter, der Zeuge.

Gibt es deshalb so viele Namen dafür, weil immer wieder – in allen Kulturen und Zeitaltern – Menschen unabhängig voneinander diese Stimme gehört und erfahren haben? Auch heute.

Auch Dichter haben sie erfahren – so Juan Ramón Jiménez, spanischer Nobelpreisträger für Literatur:

Ich bin nicht ich.
Ich bin jener,
der an meiner Seite geht, ohne daß ich ihn erblicke,
den ich oft besuche,
und den ich oft vergesse.
Jener, der ruhig schweigt, wenn ich spreche,
der sanftmütig verzeiht, wenn ich hasse,
der umherschweift, wo ich nicht bin,
der aufrecht bleiben wird, wenn ich sterbe.

Wir sind eine weite Strecke gereist – mit unserer Frage „Was will es hören?" Sind wir am Ziel? Könnte es sein, daß dies das Ziel allen Hörens ist – das Hören in Stille und Schweigen auf die Innere Stimme? Auf das Höhere Selbst? Auf Gott in dir?

11. Fragen führen weiter als Antworten

Ich stelle Fragen – schon während dieses ganzen Beitrages. Der hörende Mensch ist auch der fragende Mensch. Die Antwort kann immer nur der Befragte geben. Wir können sie nicht delegieren – an die Wissenschaft schon gar nicht, aber auch nicht an Kirchen und Religionen, an Päpste, Bischöfe, Gurus. Die können uns allenfalls helfen, die Antwort muß unsere eigene sein. Viel mehr Fragen sind konkret. Viel mehr Antworten abstrakt und verallgemeinernd.

In meinen Workshops sage ich gern, wenn wir über diese Zusammenhänge sprechen: Nichts von dem, was ich hier sage, stimmt, wenn es nicht für dich stimmt. Wenn da nicht an irgendeiner Stelle das Gefühl ist: Ja, so ist es, ich habe es immer gewußt. Jetzt ist es mir wieder bewußt geworden. Dieses *déjà vu* als ein *déjà écouté*.

Sogar die moderne Wissenschaftskritik – eine durch und durch rationalistische Disziplin – weiß: Fragen führen weiter als Antworten. Sie hat in vielen Untersuchungen gezeigt: Das westliche Wissenschaftsdenken hat nicht zuletzt deshalb so oft zu kurz gegriffen, weil es so Antwort-süchtig ist. Wenn einmal eine Antwort gefunden ist, wird das Problem abgehakt, es wird vergessen weiterzufragen. Viele große und schöpferische Wissenschaftler und Denker haben das erfahren: Sie brauchten nur die richtige Form der Fragestellung zu finden, dann war die Antwort schon darin enthalten. Jeder Liebende weiß das.

Ich glaube, daß die Antwort-Süchtigkeit der westlichen Welt der Kern aller ihrer Süchte ist – ihre manische Gier, für jede Frage und jedes Problem jemanden zu finden, der dafür „zuständig" ist – irgendeine Stelle, einen Führer, eine allgemein anerkannte Person, eine wissenschaftliche Disziplin, früher Pfarrer und Kirche. Es ist eine Pseudo-Absolution – davon, selber fragen zu müssen. Dies ist die Ur-Suppe der Sucht, in der wir alle unsere anderen Süchte – bis hin zu Alkohol und *dope* – gar kochen.

Lauschen wir dem deutschen Wort „Gehorsam" nach. In der Mitte steckt das *Hor*-chen, das Hören; am Anfang steht die Vorsilbe ge-, die uns aus vielen Kombinationen geläufig ist: *ge-sammelt*, *Ge-sellschaft*, auch aus der Form des Perfektums. Näher untersuchen müssen wir die Nachsilbe -*sam*. Es ist eine wichtige Silbe in vielen Sprachen der Menschheit, bei uns als *ge-sam*-melt und als *Sam*-e präsent, im lateinischen als *sum* = ich bin, also als Sein, und als *summa*, im Indischen als *sam*, die Eins, deren wunderbare Funktion in der klassischen indischen Musik besonders deutlich wird. Es gibt da sehr komplizierte Rhythmen und Metren, sogenannte *talos,* rhythmische Zyklen bis zu einer Länge von 96 *beats* (= Schlägen). Wenn da nach dem letzten *beat* einer *tala,* vielleicht gar dem 96., wieder die Eins kommt, dann schreien Musiker und manchmal, wenn sie die Musik nachvollziehen können, auch die Hörer wie erlöst auf: *„Sam!"* Jetzt sind wir wieder alle zu-*sam*-men, sind wir wieder alle bei der Eins. Der Ausdruck „Wissen, wo die Eins ist" kommt daher, ursprünglich war es ein Musiker-Ausdruck.

Dies also bedeutet Ge-hor-sam: Ge-*sam*-melt sein im Hören, *Sane* sein im Hören, *Summa* sein im Hören, Eins sein im Hören – und einfach: Sein im Hören.

Auf diese Weise wird deutlich: All die vielen Interpretationen, die wir dem Wort Gehorsam in unserer täglichen Sprache geben – einem Familienvorstand gehorsam sein oder einem Politiker oder Führer, einer Kirche oder einem Vorgesetzten –, sind nur Perversionen – Mißbrauch – dessen, was das Wort Ge-hor-sam, seiner linguistischen Struktur nach, allein bedeuten *kann:* Dir selbst gehorsam sein. Deinem Selbst gehorsam sein.

12. Aufrecht!

Wer in dieser Weise sich selbst gehorsam ist, steht aufrecht. Das ist ein Wort, das wir in vielerlei Hinsicht verwenden – in körperlich-leiblicher, psychischer, charakterlicher etc. Beschäftigen wir uns zunächst mit dem körperlich Aufrecht-Stehen. Wir können später erkunden, ob sich das, was wir finden werden, auch auf das seelische und charakterliche Aufrecht- und Aufrichtig-Sein bezieht.

Machen wir uns deutlich, was für eine ungeheure Leistung der Evolution es ist, daß wir aufrecht stehen können – ein Wesen von fast zwei Meter Höhe auf der kleinen Fläche seiner Fußsohlen – ohne umzufallen, als sei es das Natürlichste von der Welt? Gewiß, Bäume, hohe Gräser und Halme können das auch, aber die können sich nicht frei bewegen. Unter den beweglichen Wesen haben das nur die Menschen geschafft – und ihre unmittelbaren Vorläufer – seit sechs oder sieben Millionen Jahren. Das ist, auf die Länge der Evolution bezogen, eine kurze Zeit.

Wir denken natürlich – zumal wir Heutigen –, daß es unser Gehirn sei, das uns unseren Rang auf diesem Planeten gebe. Doch die meisten anderen Lebewesen, die mit uns auf der Erde leben, haben kaum die Möglichkeit, Gehirn als das wahrzunehmen, was es ist. Aber sie können sehen: Da steht einer aufrecht. Und dieses Aufrecht-Stehen ist eindrucksvoll, wo doch all die anderen Wesen, mit denen sie zu tun haben, vier Beine brauchen oder kriechen oder sich schlängeln. Aufrechtstehen ist ein Signal, das jedes Wesen versteht. Es signalisiert Überlegenheit.

Wir meinen, unser Gehirn sei die Höchstleistung der Evolution. Aber Wale haben größere Gehirne als wir Menschen – Gehirne, die sie vielleicht (wie wir später in diesem Buch sehen werden) noch differenzierter verwenden als wir Menschen, und sie haben sie schon seit 70 Millionen Jahren.

Aus vielen Indizien ist deutlich, daß die Evolution Aufrichtung von Anfang an angesteuert hat. Dennoch ist es ihr erst vor sechs oder sieben Millionen Jahren geglückt. Gehirn fiel ihr offenbar leichter.

Sie mußte es mehrfach versuchen, um es schließlich schaffen zu können. Zuerst bei den frühen Lebewesen des Meeres, von denen wir bereits gesprochen haben. Damit die an Land steigen konnten, genügte nicht nur eine otolithische *Vesicula*; zwei weitere mußten gebildet werden. Die eine heißt *Lagena*, und die ist in dem gleichen Sinne Vorläuferin unserer *Cochlea*, in dem die *Vesicula* Vorläuferin des Labyrinths ist. Sie merken: Die Aufrichtung hat mit dem Ohr zu tun.

Bei den Sauriern wäre der Evolution die Aufrichtung fast geglückt – aber doch eben nur halb, dann brach alles wieder zusammen. Auch bei den *Vögeln* schien es zu glücken – doch auch wieder nur bis zur Schräglage der Saurier; dafür schaffte damals die Evolution den Sprung zum Fliegen.

Wirklich glückte die Aufrichtung erst vor wenigen Millionen von Jahren, bei den Primaten – den Vorläufern des Menschen. Nach immer wieder neuen Anläufen. Und diese ganze Entwicklung – für die Evolution schwieriger und zeitraubender als die Bildung von Gehirnen – wurde vom Ohr her gesteuert – in allen Schritten und Einzelheiten, die Alfred Tomatis, auf den ich mich hier beziehe, sorgfältig nachgewiesen hat.

Wie schwierig das gewesen sein muß, können wir immer noch an der anfälligsten Schwachstelle unseres Körpers – der Wirbelsäule – erkennen. Sie ist für die Horizontal-Lage geschaffen, und viele Menschen spüren es schmerzhaft, daß sie ihr zuviel zumuten, wenn sie sie täglich viele Stunden lang aufgerichtet halten müssen.

Um uns aufrichten zu können, mußte das Ohr in einem Prozeß, der so lang ist wie die Evolution des Lebens auf unserem Planeten, seine Sensoren immer weiter in die Körper der Lebewesen vorschieben – auch in die Wirbelsäulen und bis hinunter in die Füße und Fußsohlen. Noch immer, auch beim Menschen, ist das Labyrinth in unserem Innenohr aufs intensivste mit der Wirbelsäule verbunden. Deshalb fallen Taube schneller in sich zusammen als Blinde.

In wie starkem Maße Hören die Lebewesen noch immer aufrichtet, können wir gelegentlich bei einem Spaziergang im Wald beobachten. Da ist – noch ganz weit in der Ferne – ein Reh, es hört; vielleicht kommt da jemand? Im selben Augenblick richtet es sich auf, *obwohl* es dem Jäger dadurch ein besseres Ziel bietet.

Etwas so Elementares wie das Aufgerichtet-Werden und Aufrecht-Sein muß weitergehen. Es macht keinen Sinn, anzunehmen, daß es nur den Körper betrifft. Psychosomatisches Denken läßt keinen anderen Schluß zu: Natürlich muß es auch in die Psyche gegangen sein – und in die Charaktere. Es klang schon an: Der Gleichklang von Aufgerichtet, Aufrecht und Aufrichtig wäre kein sprachlicher, wenn die Sprache ihn nicht diagnostiziert hätte.

„Hier stehe ich. Ich kann nicht anders. Gott helfe mir." Viele kennen das berühmte Wort von Luther. Ganz im Anfang zur Entwicklung dieser Fähigkeit des „Hier-stehe-ich-Gott-helfe-mir" hat es einen Impuls gegeben, der im Ohr begann – einen über Millionen von Jahren immer weiter verstärkten und intensivierten Impuls.

Unser Auge hat nichts mit diesem Impuls zu tun, ich würde sagen: Es ist ihm feindlich gesonnen. Evolutionsforscher sagen: Sehen macht bequem. Sie haben lange darüber gerätselt, warum die Insekten, obwohl schon vor mehr als 100 Millionen Jahren entstanden und damals die höchstentwickelten Wesen auf unserem Planeten, sich nicht – wie fast alle anderen Wesen in einer so langen Periode – weiterentwickelt haben. Inzwischen wissen sie es: weil die Insekten ihre Komplex-Augen zu früh gebildet haben. Nun sehen sie alles. Sie verfügen über das, was sie wissen müssen, um existieren zu können. Kein weiterer Impuls ist nötig. Sie „wissen's" ja.

Immer deutlicher wird: Sehen bezeichnet Endpunkte der Evolution. Das Ziel ist erreicht, nichts Weiteres ist nötig. Hören aber will immer noch weiter. Ja, wenn Hören die physischen Dimensionen erforscht hat, führt es, wie wir gesehen haben, bruchlos in „meta-physische"; es transzendiert. Auf einer unendlichen Linie, auf der ein Ende von Evolution, von Entwicklung nicht abzusehen ist. Teilhard de Chardin hat das als erster erahnt.

Daß Sehen bequem macht – um diesen Abschnitt ironisch abzuschließen –, kann jeder sehen. Das Lieblingsmöbel des fernsehenden Menschen ist der Fernseh-Sessel. Da liegt er. Kinder, die viel fernsehen, liegen am liebsten vor dem Apparat. Und verlieren all ihre kindliche Aktivität – wovon Mütter profitieren.

13. Das Ziel: Den Lobgesang hören

Wagen wir es, noch ein letztes Mal zu fragen. Was will es hören? Wir können die Frage, wenn wir wollen, auch weiterhin in dem Bewußtsein stellen, bereits eine richtige Antwort – für viele mag es *die* richtige Antwort sein – gefunden zu haben. Es ist nicht nötig, daß der Leser mir durch alle die Antworten folgt, die wir auf unsere Frage „Was will es hören?"

gefunden haben. Wenn er/sie nach der zweiten oder dritten Antwort aussteigt, hat er/sie gleichwohl etwas Wesentliches über das Hören und seine existentielle Bedeutung erfahren.

Also fragen wir weiter: Könnte es noch jenseits der Inneren Stimme eine noch tiefere – oder noch höhere – Dimension des Hörens geben? Und was könnte sie sein?

Ich habe in den letzten Jahren in vielen Veröffentlichungen vom Klangcharakter, der Klangfülle des Universums gesprochen. Wissenschaftler haben die Klänge des Makrokosmos und des Mikrokosmos hörbar gemacht: der Pulsare, viele Millionen Lichtjahre entfernt, und der DNS (Desoxyribonukleinsäure), die unser genetisches Erbe codiert, der Grashalme einer Wiese, des Erdmagnetismus, der Sonnenwinde und vieler anderer. Mit einem Mal ist die Welt voller Klänge – gerade jene Bereiche sind es, die eben noch ein Inbegriff ewigen Schweigens gewesen sind: der Weltraum, die Tiefsee und der Mikrokosmos.

Wir machen es uns zu einfach, wenn wir sagen: Wir können das alles ja doch nicht hören. Es *muß* ein Sensorium dasein, das diese Klänge hören kann; sonst gäbe es sie nicht. Ich meine, wir können dieses Sensorium in uns entwickeln.

Vor einigen Jahren hielt ich einen Vortrag in Zürich und spielte meine Bänder und Kassetten mit den Klängen vor, die ich eben erwähnt habe. Da stand ein alter, weißhaariger Herr auf und sagte: „Ich brauche das hier nicht von Bändern und Kassetten zu hören. Ich habe mit einer Gruppe junger Leute den Mont Ventoux, den hohen Berg in der Provence, bestiegen. Wir haben die Nacht dort oben verbracht – unter Sternen, die ich noch nie so klar gesehen habe –, und wir haben alles gehört, wovon Sie gesprochen haben." Es herrschte atemlose Stille, als der alte Herr das sagte; es war zu spüren: Da war keiner in dem großen Saal, der ihm nicht glaubte. Wir alle kennen solche Situationen. Jemand berichtet etwas, was er erfahren, selber erlebt hat – sei es auch noch so ungewöhnlich, so unglaubhaft –, und jeder spürt: So ist es. Genau so war es in diesem Moment.

Was drücken all diese Klänge – die hörbaren und die un-

hörbaren – aus? Könnte es sein, daß sie – Lobgesang sind?
Daß es am Urgrund der Schöpfung einen gemeinsamen Lobgesang alles Geschaffenen gibt? Welchen anderen Sinn könnten all diese Klänge – könnte dieses so elementar klingende
Universum, das sich uns in den letzten Jahren erschlossen hat
– haben? Ich meine, kein anderer läßt sich finden – nicht einmal ein evolutiver, nicht einmal ein biologischer. Allenfalls
ist es so, daß sich evolutive und biologische Zwecke dieser
Klänge und Klangmöglichkeiten bedienen, um durch sie noch
zusätzlich zu ihrem Ziel zu gelangen. Ich habe das in meinen
Büchern „Nada Brahma" und „Das Dritte Ohr", die beide
mit Kapiteln über den Lobgesang enden, ausführlich gezeigt.

Wenn deutlich ist, daß unsere irdische – damit auch unsere menschliche – Musik nur ein Ausschnitt ist aus der so viel
umfassenderen kosmischen Musik des Universums, sind alle diese Klänge dann – die kosmischen, die irdischen und die
menschlichen – Lobgesang?

Die vergleichende Musikwissenschaft ist gewiß keine
Disziplin, die ihrer Aufgabe auch nur annähernd gerecht geworden ist. Immer noch bleibt ihr Ausgangspunkt und Be-
zugspunkt der ausschließlich westliche; sie hört nicht hindurch auf den musikalischen Urgrund all der vielen Musikkulturen und Musikarten, die sie erforschen will. Dennoch
ist sogar unter ihren Voraussetzungen unbestritten: Lobgesang – das Lob Gottes und des Göttlichen – ist eine der stärksten Triebkräfte in den Musikkulturen aller Völker und Erd-
teile. Ich meine, es ist die überhaupt stärkste Triebkraft.
Nicht einmal über die Liebe ist so viel große Musik geschaffen worden wie über Gott und Göttliches.

Ich glaube, es war Heinrich Wölfflin, der bedeutende
Kunsthistoriker, der das Wort von der „Kunst für den Lieben
Gott" aufgebracht hat. Wölfflin kam darauf, als er im Gebälk
des Freiburger Münster herumstieg und die vielen Statuen,
Reliefs, Arabesken sah, die da verborgen sind. Alle 100 Jahre
vielleicht kommt ein Dachdecker dort hinauf – er muß
schwindelfrei sein, braucht Leitern, Gerüste, um all das sehen zu können. Niemand sonst sieht es. Warum, so fragt

Wölfflin, der doch ein aufgeklärter Denker des europäischen Rationalismus war, haben die Bildhauer und Architekten des Mittelalters sie geschaffen? Gibt es nicht, fragt er, nur eine mögliche Antwort: Daß dies „Kunst für den Lieben Gott" ist? Er allein kann sie sehen – außer ihm nur noch die Spatzen und Tauben, die auf und in ihnen nisten.

In Mailand kann man auf die Dächer des Domes steigen. Im Zeitalter des Tourismus wurden dort Gänge und Treppchen gebaut, Holzplanken ausgelegt, man kann dort oben – hoch über dem Domplatz – ohne Gefahr herumgehen – zwischen Hunderten von Skulpturen, Statuen, Bildwerken . . . Jahrhundertelang aber kam keiner dort hinauf. Wofür haben die Künstler des 14. Jahrhunderts sie geschaffen? „Kunst für den Lieben Gott"?

Es gibt viele musikwissenschaftliche Untersuchungen über Johann Sebastian Bachs „Kunst der Fuge"; jeder Musikkenner weiß: Kein menschliches Ohr wird je alles hören und erkennen können, was Bach in dieses Werk hineingeheimnist hat. „Kunst für den Lieben Gott"?

Wir brauchen gar nicht auf die unhörbare Musik des Universums zu verweisen, unsere eigene menschliche Kunst ist voll davon – ist voll von „Kunst für den Lieben Gott" – voll von Lobgesang . . .

Jeder, der sich auch nur oberflächlich mit Kunst befaßt hat, weiß: Die Menschen spüren das – auch wenn ihr Kopf sagt: Ich weiß nichts davon. Je mehr „Kunst für den Lieben Gott" in einem künstlerischen Werk – der Musik, der Dichtkunst, der Malerei, der Architektur (man denke an Chartres, denke an die Pyramiden) –, je mehr Lobgesang darin verborgen ist, desto höher rangieren diese Werke im Bewußtsein der Menschen, auch der Kunstwissenschaftler (sogar derer, die von Lobgesang und von „Kunst für den Lieben Gott" nichts wissen wollen).

Wenn wir auf der „Leiter des Hörens", die sich in diesem Beitrag erschlossen hat, immer weitergehen, dann kann es möglich sein, über das Hören des Atma, der Göttlichen Inneren Stimme in uns, noch einen Schritt hinaus zu tun – und hindurchzuhören – oder hinaufzuhören – auf den tiefsten Urgrund des Hörbaren – nicht mit technischen Mitteln (obwohl ja auch die uns immer mehr in die Nähe dieser Erkenntnis geführt haben), sondern mit den Mitteln unseres Bewußtseins – mit Mitteln, die jedem Menschen zur Verfügung stehen –, und dann erschließt sich: Lobgesang.

Das also sind die Antworten, die ich vorschlage. Sie ergeben sich von den verschiedensten Ausgangspunkten her und unter den verschiedensten Prämissen: Auf die Innere Stimme hören. Und – auf den Lobgesang hören.

Aber es sind Antworten allein in dem Sinne, der mehrfach anklang: Antworten des eigenen Selbst. Nur wenn es Antworten für Sie sind – oder werden können –, stimmen sie. Vielleicht wird auch ein Punkt spürbar – erahnbar –, an dem die beiden Antworten eine werden: die Innere Stimme zum Lobgesang. Und der Lobgesang zur Inneren Stimme. Dann sind *wir* Lobgesang . . . Lobgesänge erklingen in Tempeln. Dann sind *wir* der Tempel, was wir ja sind. Aber: Wir müssen es uns bewußt machen – es leben.

Es zu leben hat mit Freude zu tun. Lobgesänge sind etwas Fröhliches. Ist deutlich – ich meine, es wird im Lauf dieses Buches noch deutlicher werden: Was ich hier schreibe, hat mit Freude zu tun. Hören ist nur der Weg. Das Ziel ist: Mit *allen* Sinnen zu leben. Auch mit dem Auge – das stumpf geworden ist über seine Herrschaft. Wie alles, was herrscht, stumpf wird – der Mann, der Rationalismus, die Aufklärung, die Wissenschaft, die Technik . . .

In Berlin, an der Einfahrt zu einem Tunnel, vor dem sich täglich lange Staus bilden, hat ein – ich nehme an – junger Mensch so groß hingeschrieben, daß jeder der vielen Autofahrer, die oft stundenlang im Stau stehen, es lesen kann:

„Du stehst nicht im Stau.
Du bist der Stau."

Der Aha-Effekt, den jeder, der dieses Graffiti liest, und den an dieser Stelle auch der Leser lächelnd empfindet, signalisiert eine Ahnung von Verbundenheit, von dem, was wir Eins-Sein nennen: jenes Eins-Sein, das abzustreiten und uns vergessen zu machen unser ganzes modernes Leben bestrebt ist. Dennoch spüren wir, sonst würden wir nicht lächeln, ja wissen wir genau: Der Graffiti-Schreiber hat recht: Ich bin der Stau. Ich bin nicht getrennt. Ich täusche mich, wenn ich mich herausnehme aus dem, was um mich herum geschieht.

Wenn ein Termitenbau Natur ist, dann ist auch mein Haus Natur – selbst wenn ich im Empire State Building wohne. Wenn Vogelgesang oder die Lieder von Walen Natur sind, dann ist auch die „Kunst der Fuge" Natur – und die Rolling Stones.

Die Natur ist nicht unser Partner, wie gerade wieder eine große pharmazeutische Firma in Anzeigen bekundet, als mache sich dadurch ihr fortgeschrittenes Bewußtsein deutlich. In Wirklichkeit macht sie nur deutlich, daß sie immer noch in den Mustern der alten Newtonschen Trennung denkt: auf der einen Seite wir – auf der anderen die Natur – das Wort „Seite" durchaus in der Bedeutung, in der Kriegsberichter von feindlichen „Seiten" sprechen.

Also: Du liest hier nicht über das Hören. Es stimmt nicht: auf der einen Seite bist du – auf der anderen das Hören. Du *bist* das Hören, von dem hier die Rede ist.

Die Formel „Ich höre – also bin ich" ist nicht die Formel eines aufs Hören versessenen Autors. Sie gilt wissenschaftlich wie spirituell, rationalistisch wie esoterisch, evolutiv wie psychologisch, das heißt sie gilt auch dann, wenn der Leser mir nicht bis in die beiden letzten Antworten hinein, die ich zu geben versucht habe, gefolgt ist. Schon lange vorher wurde deutlich: Sie gilt. Dennoch kann sie gesteigert werden – und dann schließt sich ein Kreis. Denn die Steigerung klang bereits in unserer ersten Antwort an, als noch der Embryo stellvertretend für den erwachsenen Menschen stand:

ICH LIEBE – ALSO BIN ICH.

aus: Ich höre – also bin ich, Hör-Übungen, Hör-Gedanken

IV
Weltmusik und Welt-Musik

„Der Musik auf den Grund hören. Herausfinden, was allen Musikkulturen der Erde gemeinsam ist. Das *Eigentliche* der Musik finden." Karl Berger hat das gesagt, der Heidelberger Pianist und Vibraphonist, der um die Wende der sechziger zu den siebziger Jahren in Woodstock, der Festivalstadt, die erste Weltmusikschule geleitet hat. Es sind Sätze, die auch meine eigene Weltmusikarbeit auf eine – zu differenzierende – Formel bringen.

1

Meine erste Weltmusikproduktion habe ich 1962 gemacht – ein Trio japanischer Koto-Spielerinnen und das damals führende japanische Jazzensemble zusammenführend –, eine Co-Produktion des Südwestfunks und der Fernsehgesellschaft Fuji TV in Tokyo. Das Ensemble, das auf diese Weise entstand, wurde jahrelang immer wieder präsentiert und hat eine Welle ähnlicher Gruppen ausgelöst – erst in Japan, dann auch in anderen Ländern.

In Djakarta, Kuala Lumpur, Bombay, New Delhi, in Tunesien, in Afrika und Brasilien versuchte ich ähnliches. Eine ganze Plattenreihe entstand: *Jazz meets the World*. Die erste Weltmusikreihe, die es gegeben hat. 1967 kam das erste Weltmusikfest hinzu – im Rahmen der Berliner Jazztage in der Philharmonie in Berlin. Ich holte die Musiker, die ich auf meinen Reisen kennengelernt hatte, aus Japan, Indonesien, Indien, Tunesien, Trinidad, Brasilien, Westafrika . . .

2

Der erste Anstoß zur Weltmusik, glaube ich, kam von Yusef
Lateef – einer der ersten amerikanischen Jazzmusiker, die Mos-
lems – nicht *Black Muslim* – geworden waren: bereits in den
fünfziger Jahren. Aber der wichtigste – der, den die Welt gespürt
hat – kam von John Coltrane – um 1960/61. Ich hatte damals
nächtelange Gespräche mit ihm. Er und seine Musik haben
mich auf den Weg gebracht. „Trane", wie wir ihn nannten,
hatte auf seinen Platten Indisches und Arabisches anklingen
lassen, aber er verstand – und gab das auch zu – wenig von
diesen Musikkulturen. „Wir müssen hinfahren", sagte er.
Aber er war eingespannt in seinen Welterfolg, in Verträge und
Verpflichtungen, war bereits gesundheitlich angeschlagen.

Also fuhr ich. Ich könnte auch sagen: Ich wurde gefahren.
Ich mußte es einfach tun. 1962, die erste große Reise – drei
Monate lang. Dann zwölf Jahre lang jedes Jahr eine. Es war
mir egal, wer mich schickte, die Zeitschrift „twen" (die war
die erste!), Radio oder Fernsehen, das Goethe-Institut – egal
auch, wer mich einlud: das indonesische Kultusministerium,
um in Djakarta ein Jazzfestival organisieren zu helfen, die
Elektronikfirma Pioneer, die Weltausstellung Osaka . . . Heute
wundere ich mich, wie leicht sich das alles zusammenfügte.

3

Erst in der zweiten Hälfte der Sechziger begannen wir, den
Terminus „Weltmusik" zu verwenden – vielleicht Karl Berger zuerst, vielleicht Don Cherry, vielleicht ich . . . wer weiß.
Mit einem Mal „zündete" er. Daß ein Vierteljahrhundert später die Plattengeschäfte von Weltmusik überquellen würden,
ahnte keiner. Im Gegenteil, wir fühlten uns allein. Kritiker
fielen über mich her. Als verriete ich die Grundfesten der
Musik, verfälschte die „reine" Botschaft des Jazz. Die gleichen Kritiker – ich könnte die Namen nennen –, die heute auf
den Terminus „Weltmusik" nicht verzichten können. Ihr üb-
liches kurzes Gedächtnis.

4

Was überhaupt ist „rein" am Jazz? Die unreinste Musik je. Von New Orleans an. Das gerade ist das Faszinierende an ihr. Wir ebneten ihr nur den Weg dorthin, wohin sie ohnehin wollte. Wie die Entwicklung bestätigt.

Was überhaupt ist „rein" an jeglicher Musik? Die große Musik des Abendlandes: ein einziger Mischmasch. Schon die Gregorianik! Nicht zu denken ohne Islamisches, Ägyptisches, Früh-Christlich-Hellenisch-Jüdisches . . . Sequenzen, Responsorien der Kopten, auf die sich Papst Gregor berief . . . Deren gesammelter Vorstoß über Spanien, Sizilien, Rom, Südfrankreich, Byzanz schuf „unsere" Musik. Und das nicht bloß damals. Bachs und Beethovens Ohren überallhin. Mozarts *alla turca.* Debussys Gamelan. Messiaens und Stockhausens Indien . . .

Was ist „rein" am Humanen? An uns? Kelten, Germanen, Römer, Slawen, Mongolen . . . Wer nennt die Völker, die uns ausmachen?

Wer immer gereist ist, weiß: die interessantesten Menschen, die schönsten Frauen: Mischlinge, Eurasier und Eurasierinnen. Das Wunder von Trinidad: Inder, Javaner, alte und neue Kreolen, Franzosen, Engländer, Afrikaner – alles zusammen! Und was für Gesichter! Die aufregendsten, schönsten, lebendigsten!

„Rein": Der Minderwertigkeitskomplex derer, die's sind. Noch schlimmer: Derer, die es nicht wissen, daß sie es nicht sind, und es gern sein möchten. Die Stilisierung der eignen Beschränktheit. Ein Euphemismus für „zu".

5

Berlin 1967 war nur der Anfang. Ich machte *World Music Meetings* und Festivals, wo immer ich konnte. Mein alljährliches *New Jazz Meeting* in Baden-Baden wurde zur Hexenküche, in der wir neue Verbindungen, neue Ideen, neue Platten ausbrüteten. Was immer sich als gut und aufregend erwiesen, machten wir auch anderswo. Auf der Weltausstellung in

Osaka. Im Lincoln Center in New York. Auf der Olympiade in München . . . Für die Donaueschinger Musiktage führte ich Perkussionisten aus der ganzen Welt zusammen – Afrikaner, Brasilianer, Steelband-Spieler aus Trinidad, Japaner, Amerikaner, Europäer . . .

Die Musiker kamen mit Begeisterung. Ich brauchte nur anzurufen. Hatte die höchste Telefonrechnung am Südwestfunk, aber nur einen Winz-Etat. Wir hatten nicht viel Geld. Weltmusik war noch kein Geschäft. Aber die Musiker hatten Gespür: Hier passiert was Neues, da will ich dabei sein. Am Anfang ging manches daneben, aber je öfter ich's tat, desto besser gelang es.

6

Wir spürten, waren total erfüllt davon, daß unsere Arbeit und unsere Musik Grenzen „über-spielte" – in jeglichem Sinne! Oft genug unsere eigenen. Der viel zu früh verstorbene Colin Walcott, ein Prototyp des damals entstehenden „Weltmusikers", sagte, daß wir auf unserem immer kleiner werdenden Planeten nur überleben könnten, wenn wir „Weltbürger" würden, und daß die Musiker diesem Typ des Weltbürgers ein gutes Stück näher seien als die meisten anderen, ja daß sie ihn vorausnähmen. Daß das so war – und so ist –, erlebte ich täglich im Umgang mit all diesen Musikern. Sie kamen aus vielen verschiedenen Kulturen, konnten oft kaum miteinander reden – in Worten –, aber wie „redeten" sie musikalisch miteinander! Sie „schwangen zusammen", hatten intensive, liebevolle Kommunikation, waren verbunden wie eine einzige große Familie. Sagten das auch immer wieder: We are a World Family.

7

Daß wir auf dem richtigen Weg waren, machten uns gerade die Gegner deutlich. Zunächst einmal waren das die Musik-Ethnologen der Universitäten und Hochschulen. Wir nannten sie die „Reinheitsapostel", aber hatten bald Anlaß, diesen Begriff auf andere Kreise zu erweitern, vor allem natürlich auf Kritiker, die immer erst hinterher hören, was not tut.

Wir spürten auch das faschistoide Element darin – manchen gewiß nicht bewußt, aber mit der Faschistoidität ist es ohnehin so, daß sie am liebsten und leichtesten unbewußt einkriecht. Um so wirksamer ist sie.

Je weiter wir kamen, desto deutlicher konnten wir hören, wie wenig stimmig die Argumente unserer Gegner waren. Musikalische Differenzierungen wurden nicht, wie sie behauptet hatten, abgeschliffen, „niedergemacht" (wie einer von ihnen schrieb), sondern kristallisierten sich immer stärker heraus. Je originärer ein Beitrag war – ein javanischer, nigerianischer, japanischer –, desto verbindlicher wurde er auch für die anderen. Die Musik wurde authentischer, nicht weniger authentisch. Heute braucht niemand mehr das Wort Jazz vor die Weltmusik und vor das Treffen mit ihr zu setzen. Und dennoch war es der Jazz – waren es die Jazzer –, die den Weg als erste beschritten. Ihn geöffnet haben.

Nicht zu vergessen: Auch das Nicht-Authentische verdient seinen Platz – als *humanum*. Als Mittler und Medium. Menschen brauchen es. Es ist menschlich, es angenehm zu finden – und gar zu leicht Hochmut, es zu verachten.

8

Theoretikern, Wissenschaftlern, Ethnologen sind die Unterschiede zwischen den Kulturen wichtig. Musiker interessieren sich zuerst einmal für ihre Gemeinsamkeiten. Und entdecken darüber, daß die Unterschiede ephemer sind, aufgesetzt. Der Pianist McCoy Tynrer, der Klavierpartner Coltranes: „Was ich sehe in der Musik, ist etwas Totales . . . Die Musik der ganzen Welt ist miteinander verbunden." Der 1995 verstorbene Don Cherry: „Die Musik, auf die es ankommt, ist in der ganzen Welt die gleiche." Oder der große indische Sarodspieler Ali Akhbar Khan: „Du kannst westliche oder östliche Musik machen, im Grunde machst du immer nur *eine* Musik."

Diese Ansicht wird durch die harmonikale Grundlagenforschung voll bestätigt. Überall sind es die gleichen Proportionen (das ist nur ein anderes Wort für Intervall), die der Musik aller Völker und aller Kulturen zugrunde liegen – Proportionen, die letztlich durch die Ganzzahligkeit der Obertonreihe bestimmt werden: durch physikalische Befunde also, an denen kein Musiker – und kein Theoretiker der Welt! – etwas ändern kann. Er mag an ihnen „rütteln", sie leicht verschieben, letztlich ändern kann er sie nicht. Was von diesen Befunden abweicht, wird „zurechtgehört" – ein Phänomen, das seit der Barock-Zeit bekannt ist; unsere temperierte Stimmung verdankt sich ihm. Die „Disposition des menschlichen Gehörs", sagt Rudolf Hase, der all dies besonders gründlich erforscht hat, „zwingt uns dazu, Abweichungen auf eben jene ganzzahligen Quanten (!) zurechtzuhören, zu denen nicht nur die Musik der Welt, sondern auch unsere Ohren unabweisbar tendieren."

Sogar von der Musik, die europäischen Ohren am fremdesten klingt, der chinesischen, gilt: Sie verdankt sich eben jener Naturtonleiter, der sich auch die westliche – und alle! – Musik verdankt. Nicht zufällig war es ein Chinese, der die temperierte Stimmung als erster „erfunden" hat – Prinz Chu Tsae Yü im Jahre 1595. Er berechnete sie auf neun Stellen genau – fast hundert Jahre bevor 1691 Andreas Werkmeister in Europa das gleiche – aber viel weniger genau – tat. Noch erstaunlicher ist die folgende Koinzidenz: Derselbe Prinz Chu Tsae Yü entdeckte den Quintenzirkel, ein Jahr bevor Simon Stevin ihn in Prag berechnete. Verblüffend die Kürze der Abstände: Fast zwei Jahrtausende – von Heraklit und Pythagoras an, ja von noch früher her: von den alten brahmanischen Musikdenkern Indiens im 2. Jahrtausend vor Christus an – steuerte menschliches Musikbewußtsein auf diesen Punkt zu – und dann wurde er im Abstand von einem Jahr erst in China, dann in Europa erreicht: Rupert Sheldrakes morphologisches Feld! Die Zeit war „reif" – wie jetzt für uns mit der Weltmusik.

Was eben von Tonschritten gesagt wurde, gilt noch stärker von Rhythmen. Auch hier läuft alle Musik der Welt auf die gleichen ganzzahligen Verhältnisse hinaus, ohne die Rhythmus nicht elementar empfunden werden kann. Denn: Er muß körperlich nachvollzogen werden können. Herzschlag und Lungentätigkeit, Puls, Atem, Knochenlänge, Körpermaße tendieren zu ganzzahligen Verhältnissen – den gleichen, die es in Rhythmen und harmonikalen Progressionen gibt – den gleichen „Quanten" wie auf der Saite des Monochords.

9

In alledem klingt an, was wahrscheinlich der eigentliche Grund ist, aus dem so viele Musiker, mit denen ich damals zusammengearbeitet habe, immer wieder davon sprachen – und mit wachsender Sicherheit weiter darüber sprechen: Ihre Reisen in andere musikalische Kulturen sind in Wirklichkeit Reisen in ihr eigenes Inneres. Karl Berger lehrte in Woodstock: „Es ist alles in dir. *Listen into yourself.* Hör in dich selber hinein. Da findest du die ganze Musik."

Besonders eindrucksvoll hat dies der amerikanische Perkussionist Mark Nauseef – auch er ein Prototyp des Weltmusikers – erkannt. Zu einer seiner Platten sagte er Mitte der siebziger Jahre, sie handle davon, daß ein Mensch in einen tiefen Wald – eine Art Urwald – eindringe. Je weiter er komme, desto deutlicher höre er Musik. „Mit einem Mal wird er überwältigt von einem unheimlichen Gefühl der Vertrautheit – als kenne er das alles genau. Als habe er diese Musik schon früher gehört."

Auf der dazugehörigen Platte verwendete Nauseef Balinesisches, Indisches, Afrikanisches, Arabisches. Als ich ihn befragte, sagte er: „Der Wald ist mein eigenes Unbewußtes. Es ist alles in uns selbst. Es ist immer nur Wieder-Erkennen und Wieder-Finden."

Ähnlich der swingende Jazzschlagzeuger Ed Thigpen, ein Mann der älteren, konservativen Jazzgeneration. Als der südindische Perkussionist T. A. S. Mani auf dem *World Music Meeting* der Donaueschinger Musiktage 1984 einen schwierigen 11/8-Rhythmus erklärte, wie es ihn häufig in indischkarnatischer Musik, aber im Jazz (bei Dave Brubeck, Don Ellis) allenfalls mal als Experiment gibt (die Elf zu unterteilen in 3-3-3-2 – ein für die amerikanische und schwarze Tradition ziemlich ungewöhnliches Verfahren), da sagte Ed, nachdem er eine Weile zugehört und dann zögernd und mit wachsender Sicherheit mitgespielt hatte: *„It's funny,* aber irgendwie habe ich das alles gekannt. Als sei es schon immer in mir gewesen. *Who knows?"*

Ein Längst-schon-Kennen und Wieder-Erkennen hat bereits derjenige Musiker empfunden, der die ganze Weltmusikbewegung ausgelöst hat (wenn er auch noch nicht zu ihr gehörte): der große John Coltrane. Was er, als er Ende der fünfziger Jahre indische und arabische Musik zum ersten Mal hörte, wirklich zu hören vermeinte, war „eine Musik, die in mir selber verborgen war. Ein *trip into your inner self."*

Vielleicht ist dies überhaupt die überzeugendste Motivation der Weltmusikbewegung: die Entdeckung musikalischer Archetypen. An dieser Stelle ist es sinnvoll zu erinnern, daß das Wort *Archetyp* nicht, wie heute oft zu lesen, von C.G. Jung in die wissenschaftliche Diskussion eingeführt wurde, sondern von – dem Astronomen Johann Kepler im 16. Jahrhundert. Der aber verwendete es in eben dem Zusammenhang, vom dem hier die Rede ist: die „Harmonie der Sphären" sei „archetypisch" der Seele des Menschen eingeprägt: *verissimo Harmonice Archetypo qui intus est in Anima.* „Der allerwahrste harmonische Archetyp ist in der Seele." Daß er harmonisch empfunden wird, „bewirkt die Seele durch die Vergleichung mit dem Archetypus" (Kepler).

Simpler sagt es Stockhausens klassischer Ausspruch: „Jeder Mensch hat die ganze Menschheit in sich."

10

Aus all diesen Gründen ist Weltmusik, wie sie sich uns seit den sechziger Jahren öffnet, der musikalische Entwurf einer Utopie. Zu sagen, Utopien seien eben doch nur utopisch, ist Wortgeplänkel. Utopien *werden* realisiert – in den Köpfen und in den Herzen derer, die sie denken und fühlen. Und spielen.

Utopien – von Plato über Swift bis Bloch – sind Visionen des Überlebens. Also aktuell für uns Heutige. Dringend gebraucht.

Es muß – gerade in den ersten und entscheidenden Jahren der Entwicklung und gerade auch angesichts der Widerstände, die sich uns entgegengestellt haben – eine Vision gewesen sein, die uns trieb – egal ob unbewußt oder bewußt. Ersteres zuerst, letzteres später.

Utopien sind vorwärts gerichtet, weisen in die Zukunft, kennen wenig Geborgenheit. Als den entgegengesetzten Begriff könnte man „Heimat" nennen: konservativ, rückwärts gerichtet, voller Sehnsucht nach Geborgen-Sein. Weltmusik kommt aus einer Heimat und kehrt in sie zurück. „Heimat" ist ihre Kraftquelle. Weltmusik ist ein Wunder: Sie schafft es, den Widerspruch aufzuheben, der uns ständig zerreißt. Sie versöhnt Utopie und Heimat. Das ist der verborgene Grund ihrer Faszination und ihres Erfolges.

11

Aber der Weltmusik-Begriff weist weiter, als es der heutige Sprachbegriff ahnen läßt. Welt ist mehr als Erde. Welt heißt Universum, Kosmos. Das Auf-den-Grund-dessen-Hören, was aller Musik gemeinsam ist, hat mich weitergeführt: zu den Bongo-Rhythmen der Pulsare, den *Clustern* in der Musik der Sonnenwinde und des Erdmagnetismus, den enharmonischen Verwechslungen in den Klängen, die das Riesenmolekül unserer DNS spielt – all dies inzwischen ja durchaus auch Musik für menschliche Ohren. Daß sie dies geworden ist – hörbar für uns alle –, impliziert eben das Wort und das Phänomen, um das es hier geht: Welt-Musik. Endlich wörtlich.

Immer weiter öffnet sie sich. Auch auf unserem Planeten – schon wieder uns nahe: Musik der Wale. Der Wölfe. Der Fledermäuse und Flughunde. Der Vögel. Die Musiker lauschen. Hören sie, entdecken sie, fühlen das Gemeinsame, sind betroffen, beziehen sie ein. Olivier Messiaen, Rautavaara. Takemitsu. Paul Winter, Judy Collins. Viel mehr wird noch kommen.

Auch ich ging weiter. Zu dem, was sich Urtöne nannte: den Tönen unserer Erde, der Sonne, des Mondes, der Planeten. Ich erfuhr ihre Kraft – jahrelang an mir selbst, bevor ich es wagte, damit an die Öffentlichkeit zu treten. Inzwischen verwenden sie Therapeuten, Analytiker, Psychologen in der ganzen Welt – mit ihren Klienten und in Gruppen – und bestätigen die Wirkung, ja vertiefen das Wissen um sie, tragen neue Erkenntnisse bei. Es müssen schon Hunderttausende sein, die die Urtöne „verwenden" – sie meditieren – und immer wieder erfahren: die Yin-Kraft des Mondes, den Yang-Strahl der Sonne, Erdung und Sammlung durch den Erdenton, die geballte Sexualität des Venusklanges . . . Und die überwältigende Größe des „Elfer-Klanges", des Gesamtklanges sämtlicher relevanter Himmelskörper unseres Sonnensystems von innen Merkur bis ganz außen Pluto. Klang *des* Teiles des Universums, in dem wir „zu Hause" sind.

12

War ich damit am Ende der Reise? Ende der siebziger Jahre hatte ich angefangen, Seminare zu geben – zunächst voller Musik aus allen Kulturen der Menschheit –, von Bach bis Bali. Dann mit Musik aus dem Universum. Heute spiele ich nur noch wenige Klänge und Rhythmen. Immer wieder Stille. Das Schweigen zwischen den Tönen. Das Hineinlauschen in die Abstände zwischen ihnen. Und in das, was aus dem Schweigen entsteht.

aus: Das Leben – ein Klang

V
Musikalische Orte

Wir hören Musik nicht nur mit unseren Ohren. Wir nehmen sie auf mit allen Poren und Zellen – im übertragenen wie im wörtlichen, biologischen Sinn. Musik hat Orte – zum Beispiel die folgenden:

Klaviermusik von Chopin: Auf einer Wiese zu hören, im Schatten eines alten Obstbaumes. Ringsherum Blumen, viele in violett. Weiße Sessel. Frauen in kostbaren Kleidern und Männer, die wissen, daß ihre Frauen schön und die Kleider teuer sind. Befrackte Kellner, die Tee, Gebäck und Liköre servieren. Die Musik kommt aus den geöffneten Fenstern eines hinter den Hörern liegenden Salons – vielleicht einer Villa, eines Landsitzes, eines weißen Schlosses. Die Jahreszeit: Herbst. Die Tageszeit: Später Nachmittag. Die Sonne wirft Schatten, die mit jedem Takt länger werden – ihre Art, auf die Musik zu regieren.

Franz Schubert: Du stehst auf dem Balkon eines erhöht gelegenen, einsamen Hauses. Die Musik tönt aus den Tälern und Wäldern, deren Panorama sich bietet. Tief unten ein Fluß – sich schlängelnd durch Wiesen und Haine. Am Ufer ein Haus. Spielende Kinder unter einem Lindenbaum. Wenn die Musik leis ist, hört man ihre Rufe, ihr Lachen. Irgendwo weint jemand – ein Mensch, der – dem Fluß folgend – in der Ferne verschwindet. Ein Wanderer. Im Fenster des Hauses erscheint eine junge Frau, die ihm nachblickt. Als er stehenbleibt und sich umschaut, zieht sie den Kopf schnell zurück.

Gustav Mahler: Ein Friedhof in Wien. Zypressen. Beerdigung einer hochgestellten Persönlichkeit. Schwarz- und wohlgekleidete Menschen. Einige Frauen weinen – die eine ist eine bekannte Schauspielerin, die andere die Besitzerin eines eleganten Modesalons. Auf dem Sarge und um die ausgehobene Grube Berge von Blumen. Der Pfarrer würdigt das Leben des Verstorbenen, spricht von Verdiensten, Krankheiten, Abschieden, Trennungen . . . er betet: „Schenk uns die Freuden des Himmels. Schenk uns Deine Gnadengaben." Mehrfach fällt das Wort „Auferstehung". Die Trauergemeinde singt einen Choral, der kaum als solcher erkennbar ist . . . Langsam verlassen die Menschen die Grabstelle. Eine einzige Weinende bleibt zurück.

Indessen tönt – wie ein Echo – von einer benachbarten Grabstelle der gleiche Choral herüber – noch schwerer erkennbar. Dort spricht ein anderer Pfarrer, aber er sagt die gleichen Worte. Die Sonne sinkt – singt. Als der Choral verklungen ist, bleibt fernes „Saitenspiel".

Orgelmusik alter Meister: In einem gotischen Dom. Steine, Spitzbögen, Strebungen, Säulen – Raum im Dialog, im Dreier- und Mehrfachgespräch mit Tausenden Orgelpfeifen – als riefen sie sich Botschaften zu durch den riesigen Raum.

Nur wenige Menschen hören zu – hier einer und dort einer – auf harten Bänken. Nicht alles verstehend, doch ahnend . . . „Denn derselbe Geist, der in den Fugen / und Toccaten atmet, hat einst die besessen, / die des Münsters Maße ausgemessen . . . / Wer sie hört, spürt ein Geheimnis walten, / sieht es fliehen, wünscht es festzuhalten . . ." (Hermann Hesse).

In der höchsten Wölbung des Chores singt ein Vogel, der sich verflogen hat. Ein anderer antwortet ihm, sitzend auf einer selten benutzten Orgelpfeife. Die Musik fragt, der kleine Vogel weiß die Antwort.

Moderne Kammermusik: Mittendrin sitzend, als spielte ich mit. Jeden der Musiker wach beobachtend, jede Bewegung wahrnehmend, sogar die Fußarbeit an Pedalen und Perkussionsinstrumenten. Die Musik nicht nur hörend, sie fühlend in Haut, Sehnen, Muskeln, Knochen. Grundfarbe des Raumes: weiß, frisch gestrichen. Sonnenstrahlen durch die wenigen Fenster – spielend auf Instrumenten, Gesichtern, Fingern, als spielten sie mit, die Zuhörer blendend, aber nicht die Musiker.

Scherzo über späte Quartettmusik von Beethoven: Ein gläsernes Haus. Eine gläserne Bühne. Vier nackte Spieler. Die erste Geige und das Cello weiblich, zweite Geige und Bratsche männlich. Auch die Stühle, auf denen sie sitzen, und die Pulte vor ihnen, die Instrumente – alles aus Glas. Die Spieler spielen auswendig, dennoch stehen Pulte da – wie gläserne Spinnen. Anzustreben: alles aus Glas, nur die vier unbekleideten Menschen aus Fleisch und Blut.

Mitten im „Allegretto vivace e sempre scherzando" stehen die Spieler auf und spielen stehend weiter, sich tänzerisch zur Musik bewegend. Etwas Gläsernes fällt auf den Boden und zerspringt. In diesem Moment sind die Spieler wieder bekleidet, setzen sich hin und spielen sitzend zu Ende. Hinterher sammeln zwei Konzertbesucherinnen die Glassplitter ein und nehmen sie als Andenken mit nach Haus.

Milhauds „Création du Monde": Auf dem *Cours Mirabeau* in Aix-en-Provence. Einkaufende Frauen, ins Geschäft eilende Männer, elegant gekleidete Damen, Touristen in Jeans. Zwischen ihnen: Tiere, Löwen, Tiger, Nashörner, Giraffen, Zebras ... Die Menschen bemerken die Tiere nicht, die Tiere nehmen keine Notiz von den Menschen. Kauft der Löwe ein? Rennt der Tiger ins Geschäft? Besichtigt das Nashorn Aix? Möchte die Giraffe angemacht werden, das Zebra sein neues Kleid zeigen? Vor dem *Hotel d'Isoard de Vauvenargues:* eine Amerikanerin und ein Elefant – sie die Architektur betrachtend, er den Rüssel hebend.

Terry Rileys „Rainbawin Curved Air": In der mythischen Stadt Macondo im Urwald von Gabriel Marquez' „Hundert

Jahre Einsamkeit". Ursula ist immer noch Mutter – bereits in der dritten oder vierten Generation. Oberst Aureliano Buendia, zurück aus dem nicht gewinnbaren Krieg, ist wieder Kind geworden, spielt mit goldenen Fischchen in einem Zimmer, das immer mehr zuwächst. Erdfarbene Begonien füllen schon fast den ganzen Raum, der – als sei er eßbar – verschlungen wird von Ameisen, Termiten, Eidechsen, Spinnen, leuchtenden Insekten. Nur wenig Platz noch für das spielende Greis-Kind.

Der dicke Melchiades mit Bart und Spatzenfingern kommt mit seinem Zigeuner-Clan direkt aus Indien in den Dschungel am Amazonas. Ihr Planwagen, vollgeladen mit Kesseln, Becken, Cymbals, Glockenspielen, Gongs und Weisheiten aus drei Millionen Jahren, fährt durch die überwucherte Stadt. Kinder rennen hinterher – soeben von Rebecca und Amarantha geboren und sofort laufend; schreiende, laute strampelnde Beweise, daß Zeit sich im Kreis dreht.

Vom anderen Ende Macondos: das Pfeifen des Zuges, dessen Gleise zugewachsen sind von Lianen und Käsebaumwurzeln. Dennoch hört er nie auf zu fahren. Terry Riley fragt Marquez, ob sein Haus noch stehe. Der antwortet: „Ich weiß nicht." In diesem Moment setzt ein:

John Coltranes „Ascension": Die kleine Bühne im Jazzlokal „Birdland" (das nicht mehr bestand, als „Ascension" entstand), Broadway, Ecke 52nd Street, von Musikern überfüllt. Über den Tischen Käfige voller exotischer Singvögel, die die Besucher an den Mann erinnern sollen, nach dem das Lokal seinen Namen hat – an den „Bird" Charlie Parker. In einer Ecke über dem Tisch, an dem Charlie Parker saß, ein vergilbtes Foto, mit Reißzwecken an die Wand gepinnt, darauf zu sehen: die Urwaldstadt Macondo.

Der Hörende – Reisende – steigt auf einen der Vögel, fliegt ab und bemerkt auf dem Rückflug nach Macondo schon aus der Luft: Die Stadt ist verschwunden, wohl überwachsen vom Urwald. Der Vogel wandelt sich in eine Boeing, deren Kurs ungewiß ist. Ich höre, die Kopfhörer übergestülpt, „Ascension", frage meine Nachbarin: „Was hören Sie?" Sie antwortet: „Rainbow in Curved Air" und fragt mich: „Was heißt ‚Ascension'?" Ich: „Himmelsfahrt." Sie: „Gute Reise!" Für die anderen Passagiere aus den Bordlautsprechern: „Wien, Wien, nur du allein."

Dvořáks Concerto für Cello und Orchester: Ein großer, wunderschöner Bär in einem herrlichen Wald – Mischwald: Laub- und Nadelbäume. Tief in Böhmen, dennoch von den Höhen weiter Blick bis nach Deutschland und hinüber nach Österreich.

Der Wald hat einen Förster. Der ist oft traurig. Er liebt sein Land, dem es schlechtgeht. Die Wege im Wald wachsen zu. Menschen verirren sich, kommen nie wieder heraus, doch wird berichtet, sie bauten sich Hütten aus gestürzten Stämmen, fänden Nahrung, könnten leben und lieben. Schon werden die ersten Babys im Walde geboren. Wer weiß, ob je eines den Weg nach draußen findet.

Aber dem Bär geht es prächtig. Er hat dichtes, rötliches Fell und ist einer der stärksten, die es je gab. Er scheint überall gleichzeitig zu sein in dem riesigen Wald, erklettert die höchsten Bäume, dringt ein in die tiefsten Höhlen. Am Ende bahnt er sich mutig einen Weg aus dem Dickicht. Früh am Morgen trottet er in die nahegelegene Stadt, um den dort wohnenden Förster zu trösten. Der fragt den Bären: „Hast du auch einen Namen?" Darauf der Bär: „Einen russischen. Rostropovitsch." Der Förster lacht.

aus: Das Leben – ein Klang

VI
Lieben Sie Brahms?

Am besten, Sie lassen es einfach geschehen.

Robert Redford in: *„Der Pferdeflüsterer"*

There's only one music, but we don't know it.

Ali Akbar Khan

Eine junge Frau spielt Klavier – Intermezzi von Brahms. Natürlich würde sie sagen: „Ich spiele." Ich sage ja auch, sie spielt. Aber ist damit das, was geschieht, auch nur annähernd richtig beschrieben? Ihre Finger scheinen einem magischen Impuls zu folgen, der wenig zu tun hat mit dem, was die selbstbewußte Formulierung „Ich spiele" suggeriert: daß da ein Ich sei, das bei jedem Niederdrücken eines Fingers autonom entscheidet, welche Taste gedrückt wird. Wer einigermaßen Klavier spielen kann, weiß: So eben geschieht es nicht. Wer die Spielerin anschaut – wie sie da sitzt und spielt, wie nicht nur ihre Finger, sondern ihr ganzer Körper dem Fluß der Musik folgen –, wer sich in sie hineinversetzt, gewinnt den Eindruck, daß es viel richtiger, viel vollständiger wäre zu sagen: Diese junge Frau wird gespielt. Brahms spielt sie. Nein, der auch nicht, der ist lange tot – und hätte dies Stück völlig anders gespielt. Der ewige Fluß der Musik spielt sie. Ich wage wieder dieses Wort: Sein macht sie spielen.

Prüfen wir einmal, was sich ergibt, wenn wir das Folgende annehmen: Musik braucht, damit sie erklingt, Menschen, die sie spielt. Sie sucht sich diese Menschen, und dann bringen die Spieler, die sie gefunden hat, das, was gespielt werden will, zum Erklingen. Besonders deutlich wird dies bei improvisierter Musik, erst recht bei kollektiv improvisierter Mu-

104

sik. Vor Jahren habe ich Ensembles, in denen kollektiv improvisiert wird, für deutsche, amerikanische und japanische Plattenfirmen, für die ARD und für meine Festivals produziert – Don Cherry, Globe Unity. Manfred Schoof, John Tchicai und andere . . . Ich habe die Musiker gefragt: Wie konnte geschehen, was da geschah? Wer hat den Anstoß zu dieser oder jener Bewegung gegeben, zu einem neuen Thema oder Motiv, einem veränderten Harmoniengerüst, einem Wechsel des Grundrhythmus, dem Abbruch in dieser Sekunde, raumgebend zu einer Kadenz, dem zielstrebigen Anlauf zu einer Klimax oder zu einem Verklingen im *Pianissimo*? Ihr könnt es doch nicht alle zugleich ausgelöst und vollzogen haben, einer muß es zuerst gewesen sein, muß euch dahin gelenkt haben. Immer wieder die Antwort. Wir wissen es nicht. Es ist mit uns geschehen. Wir waren es alle zugleich. Ein einzelner jedenfalls war es nicht. Und überhaupt: Dumme Frage. Geht vorbei an dem, was in unserer Musik geschieht. Keiner von uns käme je auf eine solche Frage.

Viele Musiker haben das Aufgehen im Ensemble geradezu emphatisch beschrieben – als ein unbeschreibliches Hochgefühl – „wie Liebe". „Mit einem Mal bist du größer, du bist nicht mehr nur einzelner."

Der einzelne Spieler ist nicht mehr ein Wesen neben anderen, das Ensemble als Ganzes ist das Wesen. Man kann es vergleichen mit einem Vogelschwarm. Vor zwanzig Jahren nahmen die Zoologen an, es gäbe ein „Leittier", inzwischen wissen sie durch die neue „systemische" Forschung, der Schwarm reagiert als Ganzes. Wenn er plötzlich seine Richtung ändert, tun alle Vögel das nahezu gleichzeitig – selbst wenn es eine Änderung in die entgegengesetzte Richtung ist – und dann gleich wieder im spitzen Winkel irgendwoanders hin: sie tun das als ein Organismus. Ähnliches beobachten Taucher und Schnorchler bei Schulen von Fischen. Fachleute verwenden tatsächlich den Ausdruck „Schulen", weil sich die Fische verhalten wie Kinder in der Klasse. Die Klasse ist ein Ganzes – wie die systemische Pädagogik erkannt hat, inklusive Lehrer. So auch die Fischschule. Sie ist eins, bewegt sich nicht als eine *Summa* von Hunderten von Wesen (das mag sie außerdem tun), sondern als *ein* Wesen.

Ich weiß, der Hinweis auf das Verhalten von Vögeln und Fischen ist unbefriedigend, weil in einem Schwarm – in einer „Schule" – spielender Musiker doch jedes *Mit-Glied (!)* auch seinen Verstand hat, den unübertrefflichen Spezialisten jeglicher Art des Separierens, den unversöhnlichen Gegner jeglicher Art von Einssein. Dennoch erklärt er, was im „Funktionieren" eines kollektiv improvisierenden Ensembles anders nicht erklärt werden kann, nämlich die Tatsache, daß das Entscheidende, was geschieht, ohne Mithilfe des Verstandes und ohne Entscheidung eines einzelnen Ichs passiert.

Man spüre dem Bild nach, das in dem Wort *Mitglied* steckt: Jeder ist Glied – wie die Finger einer Hand, aber die Hand ist es, die greift, und das entscheidet kein Glied.

Übrigens gibt es dieses Einssein, dieses Aufgehen in einem Ganzen, dieses Das-Ganze-spielen-Lassen auch bei Ensembles, die nach Noten spielen – einem Streichquartett, einem Kammermusikensemble, einem großen Orchester; je besser solche Klangkörper sind, um so spürbarer, dort aber „gezähmt" durch die Noten, die vor jedem Musiker auf dem Pult liegen, deshalb nicht so deutlich erkennbar wie in Improvisationen.

Systemische und synergetisch arbeitende Biologen und Ökologen sprechen von der Verbundenheit eines Ökosystems. Auch dann, wenn es aus vielen verschiedenen Species besteht, ist es letztlich *ein* Organismus, der sich selbst organisiert; daher der Fachausdruck „Selbstorganisation", der noch vor wenigen Jahren unbekannt war. Soziologen meinen, daß auch Gemeinschaften, Vereine, Menschenaufläufe, Völker als ein Ganzes, als ein einziger großer Organismus, reagieren können – die meisten Deutschen zum Beispiel im Zweiten Weltkrieg, die meisten Serben im Kosovo-Krieg. Deshalb hat hinterher die Frage, wer was getan habe, so etwas Unbefriedigendes und Unvollständiges, das die Juristen – und überhaupt die Menschen, die vom Trauma des Geschehens betroffen sind – nicht zu fassen vermögen.

Amerikanische Geologen haben gezeigt, daß das Verhalten der Erde, etwa ihr allen physikalischen Gesetzen widersprechender Umgang mit ihrem Sauerstoffhaushalt, überhaupt nur zu verstehen sei, wenn man sie nicht mehr als einen toten, durch das Universum schwirrenden Erd- und Gesteinsklotz empfindet, sondern als ein einziges, großes lebendiges Wesen – als jene *Gaia*, von der die alten Griechen sprachen und die nun plötzlich von der modernen Biologie wiederentdeckt wird – von einer Wissenschaft, die noch vor wenigen Jahren jeden mythischen Namen und jede mythologische Vorstellung als unter ihrem Niveau weit von sich gewiesen hätte. Astronauten haben die Lebendigkeit dieser *Gaia*, dieses Wesens Erde, nahezu einstimmig empfunden – bei jedem Flug, viele als einen Schock, der ihr ganzes bisheriges Weltbild umwarf: „warm, lebend . . . so zerbrechlich, so zart . . ." (James Irwin über die Erde zur Nasa-Bodenstation bei seinem Apollo-15-Flug).

Kehren wir noch für einen Augenblick zu der Brahms-spielenden jungen Frau zurück. Ist nicht auch das Publikum, das im Saal sitzt, an dem Prozeß des Spielens beteiligt? Es folgt der Musik und der Spielerin so gebannt, daß es auf eine tiefe, innere, nicht in Worten zu fassende Weise mit ihnen verbunden ist. Das spürt auch die Spielerin. Immer wieder haben Musiker darauf hingewiesen, wie stark sie ihr Publikum fühlen. Sie brauchen nur auf die Bühne zu treten, dann fühlen sie's schon. Und spielen anders vor einem aufgeschlossenen oder einem verschlossenen, einem überheblichen oder einem mitgehenden oder überhaupt keinem Publikum. Es hat also Sinn zu sagen: Das Publikum spielt mit. Es ist in dieses Konzert ebenso stark involviert wie die Musikerin und wie Brahms, ja, ohne ein Publikum würden wir das Spielen der Spielerin nicht als „Konzert" bezeichnen – was doch bedeutet, daß für unsere Sprache und die mit ihr verbundenen Vorstellungen das Publikum fast noch höher rangiert als die Musikerin. Könnte es sein, daß die einfachen Infinitiv-Formen „spielen" und „hören" noch am adäquatesten wiedergeben, was in diesem Saal geschieht?

Solange wir all dies nur sagen, ist es allenfalls interessant, Nahrung für den nie zu stillenden Hunger des Geistes. Aber – und damit komme ich zur Musik zurück: Es kann fruchtbar werden – dadurch zum Beispiel, daß ein Musiker, bevor er zu spielen beginnt, sich bewußt verbindet, sich bewußt in den Händen dessen weiß, was wir *Sein* nennen.

Was geschieht, geschieht ohnehin. Aber alles, was wir bewußt tun, gewinnt eine Kraft, die das „Ohnehin" verstärken und weit überschreiten kann. Ich erinnere an das Wort von H. W. L. Poonja: „Wenn du sagst und bewußt empfindest . . ., das *Selbst* hat getan . . . nicht du, nicht dein Ego tut, dann wirst du zweihundert Prozent effektiver in deinen Aktivitäten sein . . ."

Manche Musiker, es werden immer mehr, tun dies – gerade im Rock und im Techno: sich eins fühlen, sich vom *Sein* getragen wissen und spüren, daß es das *Sein* ist, das *sie* spielt und sie komponieren läßt. In der klassischen Musik war der Dirigent Celibidache ein solcher Musiker. Viele – vor allem intellektuelle Kritiker – haben gerätselt: Wie macht er das – etwa bei Bruckner: diese riesigen Bögen – die langsamen Tempi und trotzdem die Spannung bewahren – die Pausen, die mit mehr Energie gefüllt sind als zehntausend Noten? Wie ist das möglich, wo ist seine innere Heimat . . . sein Ort – woher das Verschwinden von Zeit, wenn er dirigiert und seine seltsame These, daß „der Klang noch vor der Musik" sei?

Nun, diese These kommt aus Indien, wo sie *Nada Brahma* genannt wird: Klang ist Gott Brahma, also der Schöpfergott: die Grundthese aller indischen Musik, für die Inder von Musik überhaupt. Celibidache hatte einen indischen Meister, den berühmten Sai Baba. Bei ihm war sein „Ort", bei ihm hatte er gelernt, sich zu verbinden. Immer wieder fuhr er zu ihm, um bei ihm aufzutanken – alles sorgfältig geheimgehalten, um bei der Kritik nicht als Anhänger einer zweifelhaften Sekte (*alle* Sekten sind zweifelhaft in unserer Gesellschaft) ins Gerede zu kommen. Womöglich hätte ja die „Gefahr" bestanden, daß der gefeierte Dirigent der Münchner Philharmoniker auch andere zu Sai Baba geführt hätte.

Oder John McLaughlin, der „Geschwindigkeitsweltmeister" unter den Gitarristen: Der hatte das Sich-Verbinden bei Sri Chinmoy, einem in New York lebenden indischen Meister, gelernt, und viele von uns, die ihn kannten, bevor er den Meister fand – oder der Meister ihn! –, können sich noch gut an den gewaltigen Sprung erinnern, zu dem ihn dieser Fund befähigt hat.

Oder die Jazzmusiker Herbie Hancock und Wayne Shorter: Als sie zum Sprung in ihre Weltkarriere ansetzten, in der zweiten Hälfte der sechziger Jahre, verbanden sie sich vor jedem Konzert nach einem japanisch-buddhistischen Ritus. Ich stellte sie damals auf den Berliner Jazztagen vor, dem heutigen Jazzfest Berlin: Da konnte die Welt untergehen, wenn ihr Auftritt bevorstand, verbannten sie alle Fans und Journalisten, schlossen ihre Garderobe ab, gingen in Stille und sangen ihr *Nichiren*-Mantra.

Oder Obertonmusiker: Michael Vetter, Christian Bollmann und all die anderen – ob sie's nun nach einem Ritus tun oder den Anweisungen eines Meisters folgen oder ob sie's einfach tun nach ihrem eigenen Wissen und Spüren, entscheidend ist, *daß* sie es tun und die Verbundenheit halten, auch während sie singen und spielen.

Denn es ist nicht nötig, unbedingt einen Meister zu haben (aber es hilft), nötig ist nur, sich in die Hände des *Seins* zu geben – in jene Hände, die für viele, die etwas Projizierbares brauchen, die Hände Gottes sind – innerhalb und außerhalb der Musik. Außerhalb: siehe den polynesischen Kapitän, der die Fidschis ohne Navigationsgeräte findet.

Vieles von dem, was ich hier zu sagen versuche, geschieht außerhalb der sogenannten klassischen Musik sehr viel häufiger als in ihr. Indische Musiker zum Beispiel *können* gar nicht anders, als ihr persönliches Sein in dem großen, dem unendlichen *Sein* zu spüren, während sie spielen. Sie lernen das von Anfang an, es gehört zum Musikunterricht, wie Ravi Shankar oder Ali Akbar Khan – der eine Hindu, der andere Moslem – in ihren Lebenserinnerungen geschildert haben.

Auf eine wunderbare Weise können Komponisten verbunden sein. Es ist ja viel darüber spekuliert worden, wie Mozart, dieses alberne „kränkliche Kind" (so Nannerl, seine Schwester) mit dem zu groß geratenen Kopf auf dem zu schwachen Körper sein alles Faßbare überschreitendes Riesenwerk schaffen konnte. Ich habe in meinem Buch *Hinübergehen* ausführlich darüber geschrieben, kann hier nur das Wichtigste andeuten. Eine seiner Schülerinnen berichtet aus seinem Sterbejahr 1791, auf seinem Fortepiano hätten nebeneinander die Notenblätter der verschiedensten gerade entstehenden Werke gelegen, Mozart sei von Blatt zu Blatt geeilt, habe ein paar Takte *Requiem*, dann wieder einige Takte *Zauberflöte*, ein Stück Klarinettenkonzert, Hofmusik für die Burg, dann wieder am *Requiem* komponiert. Es ist die absolute Präsenz. Schachgroßmeister, die ein Dutzend Spiele gleichzeitig spielen, leisten nur einen Bruchteil dessen, was Mozart schaffte, denn ein Schachbrett verfügt über deutlich weniger Ausgangspositionen und Kombinationsmöglichkeiten, so viele Millionen es sein mögen, als ein Klavier, Chöre, Solisten und große Orchester, all das potenziert – zum Beispiel die 88 Tasten des Pianos – noch mit der Zahl der Tonarten, also, simpel gerechnet, hoch 24. Chromatik, freie Tonalitäten oder gar keine, serielle Strukturen bringen noch weitere Potenzierungsfaktoren hinzu.

Faßbar ist all dies allein, wenn man ihn als Kanal sieht. Kanal wessen? Vielleicht Gottes. Kanal des Universums. Der Existenz. Des *Seins*, das sich gerade nur das Nötigste an Materiellem schafft – diesen immer ein wenig nach Embryo aussehenden Leib –, damit das, was es zum Fließen bringen will, fließen kann. Ein Minimum an materieller Substanz und Dichte – alles andere kam von woanders. Man mag darüber lächeln, aber all die anderen „Erklärungen", die Musikwissenschaft anbietet, sind noch viel weniger plausibel.

Ich wähle das Beispiel Mozart, weil es so besonders eklatant ist. Entsprechendes gilt von Bach bis Nono.

Vielleicht können Musiker das besonders gut: „Einfach den Dingen ihren Lauf lassen", geborgen in ihrem Vertrauen, daß die „Dinge" es besser wissen, als sie, die Musiker, es menschenmöglicherweise wissen können. Vielleicht ist dies auch der eigentliche Grund, daß sie zu allen Zeiten, von Orpheus bis Mick Jagger, und immer noch, so viel Liebe anziehen. Oft sieht es ja aus, als seien sie ein Magnet – selbst dann, wenn sie selber nur an der sexuellen Seite der Liebe interessiert sind oder wenn sie – wie (um zwei gegensätzliche Namen zu nennen) Brahms oder wie Elvis Presley – selber liebesunfähig sind. Den Dingen ihren Lauf lassen zu können, hat mit Liebe zu tun – sich dem *Sein* überlassen, das mehr Liebe hat als du und ich oder irgend jemand.

Das heißt nicht, daß Musiker nicht lernen und üben und wieder lernen und wieder üben – ein Leben lang. Aber sie lernen und üben, *damit* die Dinge ihren Lauf nehmen können. Denn die „Dinge", um wirklich ihren Lauf nehmen zu können, verlangen ganz schön viel.

Ich habe das Wort „Kanal" gebraucht. Dort, wo der Kanal herkommt, gilt der Satz Ali Akbar Khans, den ich diesem Kapitel als Motto vorangestellt habe: Im Grunde gibt es nur eine einzige Musik. Gibt es nur das, was die Inder das *Nada Brahma* nennen. Aber wir merken und wissen es nicht. Wissen es deshalb nicht, weil wir getrennte Menschen und deshalb fixiert auf all die verschiedenen Musikarten sind, die wir lieben – jeder die seine, die aber dennoch, seien sie auch noch so verschieden, im Meer der *einen* Musik zusammenfließen und aus diesem Meer gekommen sind.

Die *eine* Musik: Sie ist es, die Johannes Kepler, der große Astronom (der als erster die Töne der Planeten berechnet hat), meinte: „Gib dem Himmel Luft, und es wird wirklich und wahrhaftig Musik erklingen." Und die der amerikanische Physiker George Leonard meinte: „Die Art und Weise, wie Musik entsteht, ist auch die Art und Weise der Entstehung der Welt ... Die Tiefenstruktur der Musik ist identisch mit der Tiefenstruktur aller Dinge." Denn sie ist *Nada Brahma*, göttlicher Klang. Celibidache einmal bei einer Chorprobe an einer besonders schwierigen Stelle von Bachs h-moll-Messe: „Hört einfach die Engel im Himmel singen, und dann singt mit."

Und *noch* extremer 1968, auf dem Höhepunkt der weltweiten Protestbewegung, als Boulez meinte, alle Opernhäuser der Erde gehören angezündet (derselbe Boulez, der dann ein paar Jahre später nach Bayreuth fuhr und dort den „Ring" – für viele von uns immer noch der „Ring aller Ringe" – dirigierte), in diesem Jahr des endlichen und notwendigen Ausbrechens eines weltweiten Zornes ließ der holländische Flötist und Dirigent Frans Brüggen von einer Gruppe junger, schöner, nackter Mädchen auf dem Platz vor dem *Concertgebouw* in Amsterdam Zettel verteilen, auf denen zu lesen stand: „Wenn das *Concertgebouw* Orchester Mozart spielt, ist jede Note Lüge." Das war damals und ist immer noch ein erschreckender Satz – und für mich, der ich gerne das *Concertgebouw* Mozart spielen höre. Dennoch, haben wir den Mut zu der Frage: Wann ist eine Musik wirklich wahr – im tiefsten Sinn dieses Wortes, der ein heiliger ist? Ist sie das nicht erst dann, wenn sie angeschlossen ist an die *eine*, ewige Musik, an das *Nada Brahma*, das nicht die Musik einzelner ist, seien sie auch noch so genial, sondern die Musik des *Seins*, das all diese Musiker spielen läßt – in jenem Sinn, in dem man von einer Band sagt, sie lasse uns – uns alle „tanzen". Diese unfaßbare, riesige „Band", die uns alle „tanzen" läßt, ist das *Sein*. Wir alle tanzen nach ihr sowieso, aber nochmals: Es macht einen Unterschied, einen riesigen Unterschied, ob wir das unbewußt oder bewußt tun und diese Bewußtheit in Wachheit durchhalten.

aus: Es gibt keinen Weg – nur gehen

VII
Orpheus – Von Liebe singen aus der Erfahrung des Todes

Ein für allemale
ist's Orpheus, wenn es singt.

Rainer-Maria Rilke

In Thrakien, einer Landschaft Griechenlands, lebte vor Zeiten der Sänger Orpheus. Er war ein wunderbarer Sänger – nicht zu vergleichen mit irgendeiner anderen menschlichen Stimme. Nicht nur die Menschen hörten ihm voller Entzücken zu, sondern auch die Tiere – und nicht nur solche, die – wie die Vögel – etwas von Musik verstehen, sondern auch Löwen und Fische, ja sogar die kleinen Käfer.

Am meisten liebten ihn Frauen und Kinder. Sie tanzten zu seiner Musik. Sie liebten es, wenn er sich selbst auf seinen Instrumenten begleitete – der Lyra, einer Urform der Harfe, der Kythara, aus der die Gitarre entstanden ist, und der Flöte. Gelegentlich band er sich Glöckchen und kleine Zimbeln um die Fußknöchel, die, wenn er beim Singen und Spielen stampfte und sprang, den Rhythmus seiner Musik umläuteten.

Viele Frauen liebten Orpheus, aber Orpheus liebte allein Eurydike. Eines Tages geschah es, daß sie von einer Schlange gebissen wurde. Sie starb. Hades, der Gott des Todes, entführte sie in die Unterwelt. Er tat das in Liebe, denn er sah die Schönheit Eurydikes.

Orpheus aber konnte nicht ohne Eurydike leben. Er entschloß sich, in die Unterwelt zu wandern, um sie in das Leben zurückzuholen. Er war lange unterwegs, überwand Prüfungen und Fährnisse, erreichte den Fluß Lethe, den Strom des Vergessens, auf dessen anderem Ufer das Reich der Toten beginnt. Dort fand er nach langem Suchen Hades, den König der Unterwelt, den Sohn des Titanen Kronos und Bruder von Zeus und Poseidon, mit denen er die Weltherrschaft teilte – der eine auf dem Lande, der andere im Meer und Hades im Reich der Toten.

Noch nie hatte Hades bei Menschen eine so große und so tiefe Liebe gesehen – eine Liebe, die wahrhaftig eines Gottes würdig war. Er entschloß sich deshalb, dem Orpheus seine Eurydike zurückzugeben. Er sagte ihm: „Nimm sie mit auf die Erde. Aber solange du dorthin unterwegs bist, darfst du sie nicht anschauen. Sie wird dir folgen. Erblicken darfst du sie erst, wenn du mit ihr im Reich der Irdischen angekommen bist."

Orpheus bedankte sich voller Freude. Er hielt die Bedingung des Hades für leicht erfüllbar. Er wanderte los. Eurydike folgte ihm.

Nach Tagen der Wanderung durch das Totenreich begannen die Zweifel. Folgt sie mir wirklich, fragte sich Orpheus? Oder hat Hades mich betrogen? Ist sie womöglich gar nicht hinter mir? Wie mag sie ausschauen? Ist sie noch immer so schön? Ist sie älter geworden? Hat der Tod sie gezeichnet? Wandere ich vielleicht zu schnell und habe sie verloren?

Orpheus liebte Eurydike leidenschaftlich. Der Liebende will seine Geliebte sehen. Er kämpfte eine Weile gegen sein Bedürfnis, aber dann wurde es stärker und stärker. Schließlich dachte er: Woher will Hades wissen, daß ich mich umschaue? Er wird anderes zu tun haben, als mich zu kontrollieren.

Also schaute er sich um. Er erblickte Eurydike in all ihrer Herrlichkeit. Ja, sie war schöner als je zuvor. Aber er sah sie nur einen Augenblick. Dann verschwand sie, und Orpheus begriff: „Ach, ich habe sie verloren." Für immer.

Voller Trauer wanderte er zurück auf die Erde. Nach der langen Reise wieder in Thrakien angekommen, sang er von Eurydike und von Liebe – noch viel, viel schöner und bewegender als früher. Jetzt hörten ihm nicht nur die Menschen und Tiere zu, auch Pflanzen wandten ihre Blütenkelche in die Richtung, aus der seine Stimme kam. Und sogar Steine und Felsen hörten ihn voller Entzücken. Die Redensart, jemand könne „Steine erweichen", kommt von da her.

Orpheus war unvergleichlich. Die Erde lauschte ihm – und der Himmel. Es war, als sänge das Leben selbst. Als sänge er das Leben!

Die Menschen versuchten, seine Gesänge, so gut es ging, aufzuzeichnen. So entstanden die „Orphischen Hymnen", die noch heute erhalten sind – und ein „Orphisches Totenbuch", das von Orpheus' Erfahrungen in der Unterwelt berichtet. Aber zwischen dem, was wir aufgezeichnet besitzen, und dem, was er wirklich gesungen hat, klafft jene Kluft, die immer klafft zwischen dem, was heilige und erleuchtete Menschen gesagt und gesungen haben, und dem was der Nachwelt erhalten bleibt.

Jetzt, da Orpheus seine Eurydike endgültig verloren hatte, liebten die Frauen ihn noch mehr. Sie tanzten vor ihm und suchten ihn zu verführen. Aber Orpheus liebte Eurydike auch in ihrem Tod. Er wollte keine andere.

Viele meinen, er sei deshalb der größte aller Sänger und Musiker, weil er von Liebe aus der Erfahrung des Todes sang.

Auch die Mänaden, eine Art Hexen der griechischen Götter- und Dämonenwelt, hörten ihn. Auch sie waren entzückt. Sie hätten ihn gern besessen. Aber Orpheus war unverführbar.

Die Mänaden fühlten sich verschmäht. Sie wurden zornig darüber. Auch sie waren schöne Frauen, aber wenn sie in Wut gerieten, verwandelten sich ihre Haare in züngelnde Schlangen: Blitze zuckten aus ihren Häuptern. Sie steinigten Orpheus, stürzten sich auf ihn und zerrissen seinen Körper in viele Stücke.

Das Haupt des Sängers aber – und eines seiner Instrumente – warfen sie ins Meer. Stürme trieben Kopf und Flöte von Thrakien herüber zur Insel Lesbos. Deshalb wurden auf dieser Insel die Lieder des Orpheus besonders gern gesungen – bis die Kunde von Orpheus, seiner Eurydike und seiner Musik in ganz Griechenland bekannt wurde – und schließlich in der ganzen Welt.

Drei Jahrtausende später sagte ein Dichter – Rainer Maria Rilke –, seine Musik sei ein „In-Wahrheit-Singen", ein „Wehn im Gott". Er pries ihn als jenen Gott, „der das Ohr den Geschöpfen gelehrt". Und über Orpheus' Tod dichtete er:

Steine, die sie nach deinem Herzen warfen,
wurden zu Sanftem an dir und begabt mit Gehör.
Schließlich zerschlugen sie dich,
von der Rache gehetzt,
während der Klang noch
in Löwen und Felsen verweilte
und in den Bäumen und Vögeln.
Dort singst du noch jetzt.

O du verlorener Gott! Du unendliche Spur!
Nur weil dich reißend
zuletzt die Feindschaft verteilte,
sind wir die Hörenden jetzt
und ein Mund der Natur.

aus: Hinübergehen. Das Wunder des Spätwerks

VIII
Musik als Opfer

Da hört er ein Klingen,
Wie Flöten so süß,
Wie Stimmen der Engel
Im Paradies.

Friedrich Schiller

Musik kommt von Gott. Von den Göttern. Aus einer jenseitigen Welt. Mythen und Legenden vieler Völker berichten, die Götter hätten sie den Menschen geschenkt, häufiger noch, die Menschen hätten sie sich von den Göttern geholt. Von Gott Shiva aus den geheimnisvollen Höhen des Berges Meru, des im Himalaya gelegenen Olymps der Inder. Von der Sonnengöttin bei den Japanern. Aus der Leier des Gottes Apoll bei den Griechen. Von den Gestirnen, die Götternamen trugen – und noch tragen –, bei den Pythagoräern. Von den gitarrenartigen Instrumenten der Apsaras, jener berückenden und verführerischen Engelswesen Südostasien. Den Menschen zugeblasen vom Wehen des großen Geistes bei den Sufis. Aus den Firnen, den Wolken, den Stürmen der hoch oben auf Vulkanen gelegenen Götter-Wohnungen bei den alten Javanern. Aus den klingenden Bambusstäben eines Zauns, der die göttliche Wohnung umgibt, bei den Balinesen. Geträumt in einem von Gott und den Göttern eingebenen Traum bei vielen Völkern – und immer noch bei ganz vielen Musikern auch der westlichen Welt, die berichten, wie sie ihre Musik – und gerade ihre wunderbarsten Schöpfungen – im Traume empfangen. Deshalb so häufig das auf dem Nachttisch bereitliegende Notenpapier.

Selbst noch der moderne Mensch benötigt Worte wie „himm-
lisch„ oder „überirdisch", um bestimmte Musiken zu beschreiben. Oft, wenn er sie verwendet, klingt es, als brauche
er diese Vokabeln dringend: als seien sie unbedingt notwendig, um die betreffende Musik zu kennzeichnen. Werden sie
deshalb so verhältnismäßig häufig gebraucht – und verstanden! –, weil ein unausgesprochenes Einverständnis darüber
herrscht, daß sie stimmen? Kritiker machen sich gerne lustig
über sie – und verraten doch dadurch nur, was sie in sich selber verdrängen.

Besonders häufig passen Worte wie „himmlisch" und „über-
irdisch„ zu letzten Werken, die oft klingen, als schlössen sie
einen Kreis. Als wollten die Musiker die Musik wieder dorthin zurückbringen, wo sie ganz am Anfang einmal herge-
kommen ist: in eine jenseitige Welt. Zu Engeln und Göttern.
Zu Gott.

Diese Werke klingen, als lieferten sie die Musik dort wieder
ab, von wo sie ihnen einstmals gegeben wurde: als etwas, das
man bestrebt ist, in demselben „überirdischen", göttlichen
Zustand zurückzugeben, in dem man es empfangen hat. Aber
da die Musik ja inzwischen durch menschliche Hände gegangen ist, wurde sie auch menschlich. Irdisch. Die Züge des
betreffenden Musikers tragend. Als bäte da jemand: Nimm es
dennoch an. Ich habe versucht, es wieder Deiner würdig zu
machen.

Das ist die Idee des Opfers – eine zeitlose, ewige Idee: Deine
edelsten Gaben gebe ich Dir zurück. Im Ernteopfer zum Beispiel. Auch dies ist ja Ernte – die Lebensernte eines schöpferischen Menschen.

Es ist die Idee des menschlichen Lebens schlechthin – als
Spruch in vielen Variationen auf Friedhöfen zu lesen, besonders häufig auf Gräbern von Kindern:

Von Gott ward's empfangen.
Ihm ward's gegeben.

Oder:

Gott hat's gegeben.
Gott hat's genommen.

Oder einfach:

Von Gott. Zu Gott.

Dieser Weg „Von Gott – zu Gott" hat noch eine tiefere Bedeutung. Denn gewiß nimmt die göttliche Wahrheit und Botschaft auf ihrem Wege über den Gott menschliche Züge an, aber bewahrt nicht auch das menschliche Werk häufig göttliche Züge? Könnte es sein, daß dies der eigentliche Sinn dieses Weges ist? Ewige Wahrheit und göttliche Schönheit in Irdisches und Menschliches hineinzutragen. Irdisches an Göttliches anzuschließen. Dadurch Wandlung auszulösen. Im Künstler. Im Menschen. In der Welt, in der sie leben. Spirituelle Meister nennen es die „Vergeistigung der Materie". Erfüllen Musiker diese Aufgabe in ihrem Spät- und Letztwerk besonders spürbar?

Zur Idee des Opfers gehört die Idee der Wandlung. Der Wein in das Blut, das Brot in den Leib. Auf daß Irdisches göttlich werde. Im Parsifal umgekehrt: Das Blut in den Wein, der Leib in das Brot. Auf daß Göttliches die Menschen stärke.

Was danach bleibt, hat die Dichterin Hilde Domin gesagt:

Dem Toten ist Ganzheit erlaubt.
Beeil Dich ein Toter zu sein,
dem Toten
wird das Versprechen gehalten.

> *aus: Hinübergehen. Das Wunder des Spätwerks*

IX
Musik überschreitet. Gewiß.
Aber welche?

1. Chaos birgt Ordnung

„Die verborgene Harmonie[1] ist mächtiger als die offensichtliche." Dieser Satz des Heraklit durchzieht mein Buch *Das
dritte Ohr*. Immer wieder machen wir den Versuch, ihn wörtlich zu nehmen. Wir sollten ihn auch in bezug auf die Musik
wörtlich nehmen. Denn sie ist das Mittel *par excellence*, verborgene Harmonie im Sinne Heideggers zu *ent-bergen*. Das
gilt für alle Musik. Und dennoch: Wem Heraklit plausibel erscheint, der beziehe ihn dann aber bitte auch auf die sogenannte moderne Musik.

Wer nur an der „offensichtlichen Harmonie" – der mit dem
Chaos inkompatiblen Harmonie – interessiert ist, verkennt,

---

[1] *Verborgene Harmonie* bis an die Grenze des Chaos: besonders überzeugend
hat der amerikanische Komponist Dane Rudhyar die selbstverständliche
Vereinbarkeit von Dissonanz und holistischem Bewußtsein formuliert –
und sich gleichzeitig von der flachen Identifizierung von Schönklang und
systemischem, ganzheitlichem Denken distanziert. „Die lebendig schwingende Resonanz des konkreten Materials der Musik und der Instrumente
kann . . . auf höchst bedeutsame und psychoaktive Weise durch die Ver-
wendung dissonanter Harmonien erreicht werden . . ." – „Viele, ja die
meisten Akkorde, die in der westlichen Musiktheorie dissonant heißen,
können, wenn die einzelnen Klänge richtig verteilt werden, eine viel stär-
kere Resonanz als die sogenannten reinen Konsonanzen erzeugen, da die
Phänomene der Schwebung und der Kombinationstöne auftreten . . . Eine
holistische Resonanz unterscheidet sich von einem Akkord aus Noten, die
vom Intellekt analysiert wurden, etwa so, wie eine synthetische medizini-
sche Substanz, die durch Isolierung chemisch bestimmbarer Hormone her-
gestellt wurde, vom direkten Extrakt einer ganzen endokrinen Drüse . . .,
auch wenn der Unterschied durch wissenschaftliche Analyse vielleicht
nicht festzustellen ist . . ." (aus Dane Rudhyar: „Die Magie der Töne", LV).

daß es auch eine Aufgabe des Harmonischen ist, immer tiefer vorzudringen in die Welt des Chaotisch-Unharmonischen[2], Harmonie immer tiefer in sie hineinzutragen, damit sie als das, was sie dort allein sein kann – als die „verborgene Harmonie"–, wirken kann. Ja, das Chaos wuchert gerade in denen, die sich dieser Aufgabe der Musik widersetzen. Sie sind es, die es wuchern machen. Wie jemand, der sein Haus im Urwald baut und glaubt, er sei sicher. Eines Tages wird die ganze schöne harmonische Welt, die er sich da aufgebaut und eingerichtet hat, vom Dschungel gefressen werden – und er gleich mit.

Keine andere Musik nimmt Heraklit so wörtlich wie die moderne. Sie *ver*-birgt Harmonie, damit sie *ent*-borgen werden kann. Die Hörer – also wir alle – sind gefordert, sie zu *ent*-bergen. Es ist ein herakliteischer (und Heideggerscher!) Prozeß: Der Komponist *ver*-birgt Harmonie, und der Hörer *ent*-birgt sie.

Moderne Musik hat – wie alle Kunst – mit Überleben zu tun, ja sie ist eine Funktion des Überlebens. Wir werden nicht überleben können, wenn wir Harmonie nicht auch im Chaos finden. Wenn wir nicht dafür sorgen, daß wir sie finden können, wird bald kein Platz mehr auf dieser Erde sein, wo lebenswertes Leben möglich ist.

Je mehr sich „offensichtliche Harmonie" von selbst versteht, desto überflüssiger wird sie. Desto mehr wird die „verborgene Harmonie" zu unserer eigentlichen Aufgabe.

„Verborgene Harmonie" heißt immer: verborgen in zweierlei – im Chaos und im Unhörbaren. Beides läuft hinaus auf: verborgen in uns selbst.

Die moderne Kybernetik (in der es die Disziplin der „Chaos-Forschung" gibt) hat gezeigt: Was uns als Chaos erscheint, ist

---

[2] *Harmonie in das Chaotisch-Unharmonische tragen:* Einige Monate, nachdem ich dies geschrieben hatte, machte mich ein Altphilologe darauf aufmerksam, daß ich an dieser Stelle „der griechischen Sprache parallel gedacht" habe. Heraklit gebraucht das Adjektiv ἀφανές *(aphanés* = verborgen). Die Redewendung εἰς ἀφανές *(eis aphanés)* bedeutet„ in dunkle, unbekannte Gegenden."

Heraklitischer Prozeß: s. hierzu auch „Lobsingend wachsen" X.

lediglich Unordnung, deren darin verborgene Ordnung noch nicht hinreichend durchschaut ist. Oder umgekehrt: Chaos ist Ordnung, die als Ordnung noch nicht erkannt ist. Es gibt kein Chaos. Es gibt nur unser Unvermögen, die Ordnung des Chaotischen zu realisieren. Auch dieses Unvermögen hat seinen eigentlichen Grund im Chaos in uns selbst!

2. Musik hat Sinn nur, insofern sie über die eigene Struktur hinausweist

Wir würden Musik nicht als Musik – als Kunst – empfinden, steckte nicht in jedem einzelnen Ton, den wir als musikalisch wahrnehmen, die Überschreitung. Fragen wir aber weiter: Wo im besonderen – in welcher Art von Musik – vernehmen wir Überschreitungen? Kein Zweifel, am eindringlichsten spiegeln sie sich in jenen geheimnisvollen Übergängen von kaum noch Hörbarem hinein in den Raum dessen, was hörbar erklingt und aus ihm hinaus wieder ins Gerade-noch-eben-Erahnbare dringt.

Es gibt diese Momente in aller großen Musik, aber besonders häufig geschehen sie in der Moderne, beginnend gleich dort, wo sie selbst beginnt – zum Beispiel in den Streicherpassagen von Schönbergs „Verklärter Nacht", die Nacht aus dem Spür- und Sehbaren hineinnehmend in unsere eigene Nacht: in eine Welt, in der wir „verklärt", will sagen ganz und gar eins sind. Angebahnt hatte sich das schon im Tristan-Vorspiel – und in impressionistischer Musik: bei Debussy etwa in den *Préludes pour le piano*, deren Ganztonakkorde und Ganztonreihen die Choräle der „Versunkenen Kathedrale" aus einer Tiefe emporzuholen scheinen, aus der sie jahrhundertelang nicht mehr wahrnehmbar waren, sie nun endlich wieder für unsere menschlichen Ohren hörbar machend.

Von Debussy und Schönberg an wächst der Wille der Komponisten, Musik überschreiten zu lassen, vorzudringen ins Unhörbare – bedrängend zu hören etwa in den langsamen Sätzen von Béla Bartóks Streichquartetten, intensiver noch

122

in Nonos Hölderlin-Quartett, dessen eindringlichste Passagen das Schweigen und das Unsagbare im Spiel- und Erklingbaren realisieren. Hier und in anderen Werken der Moderne kann man an Stellen des höchsten Flageoletts den Geigenbogen bereits sich bewegen sehen, „lange" bevor man die Musik, die er macht, hören kann; man sieht die Bewegung, aber man hört den Ton erst etwas später. Der Ton „begann" schon, bevor man ihn hörte.

Messiaens Werk ist voller „Überschreitungen" im übertragenen und wörtlichen Sinn (was, wie wir inzwischen wissen, das gleiche ist) – etwa im *Quatuor pour la fin du temps* (1940). John Cages Musik ist auf weite Strecken eine Transformation von Klang in Schweigen und aus dem Schweigen wieder zurück in den Klang – etwa in den *Thirty Pieces for String Quartet* (1983). Ähnliches gilt für Morton Feldman, etwa für sein vierstündiges Zweites Streich-Quartet mit leisesten, kaum noch hörbaren *pianissimi* und der Tendenz, die „linear verstreichende Zeit aufzuheben".

Die 88 einzelnen, bis ins Detail auskomponierten Stimmen, die den *Atmosphères* (1961) des aus Ungarn stammenden Györgi Ligeti ihre Faszination verleihen, tun das nicht zuletzt deshalb, weil sie – in jedem Takt des Werkes – 88 „Übergänge" implizieren und evozieren – in den Worten von Ulrich Dibelius: Überschreitungen vom „Irdenen zum Gläsernen, zum Luftigen, zum Gewebehaften oder Flüssigen ... außerdem die Farbe wechseln(d) oder unter verschiedenem Lichteinfall mannigfach changieren(d) ... mit Übergängen, Stufungen, Kontrasten, mit Ausdünnung und Erweiterung ..." – „Eben diese Dünnwandigkeit zwischen Heterogenem, dieses Hin- und Hergleiten zwischen unterschiedlichen Bedeutungen, Vorstellungen und Assoziationen, die ganze innere Labilität und Unstetigkeit samt den oft verwirrenden Mischungsgraden vollzieht Ligetis Musik nach ..."[3]

---

[3] *Ligeti:* zitiert nach Begleittext zum Wergo-Plattenalbum „Ligeti".
Helmut Lachenmann: zitiert nach: Nicolaus A. Huber: „Gedanken zum Umfeld der Tonalität", in: „Musik Texte", 5. Juli 1984.

Helmut Lachenmann hat davon gesprochen, daß Musik „Sinn doch nur hat, insofern sie über die eigene Struktur hinausweist". Der Zusammenhang, in dem er das sagt, macht deutlich, daß er mit „Struktur" das Offensichtliche und Real-Erklingende meint. Eines seiner Stücke (für Klarinette) – mit dem kennzeichnenden Titel *Dal Niente* – enthält in der Partitur die folgenden charakteristischen Anmerkungen: *„pianissimo* an der unteren Hörschwelle", „Klappengeräusche ganz zart", „Tonhöhe scheint gerade noch durch", „Töne platzen als überraschende Einblendungen herein" – wobei alle nur denkbaren Klangmöglichkeiten ineinander übergehen: der konventionelle Klarinettenklang in Finger-, Zunge-, Atem- etc. Sounds.

Brian Ferneyhough sagt, daß extrem hohe und extrem tiefe Instrumente „Grenzen, Grenzregionen und was immer jenseits liegt, evozieren" und daß er in seinem Stück *Superscriptio* die „dimensionslosen Spuren eines äußersten ‚Innern des Außen *(inside of the outside)* suggeriere, das gleichwohl niemals im Klang gefangen werden kann"[4].

Von John Cage gibt es die *Etudes australes*, deren Noten er aus einem alten, in Prag gedruckten sechsfarbigen Sternenatlas gewonnen hatte. Er hatte transparentes Notenpapier über die Sternbilder gelegt und die durchscheinenden Himmelszeichen in einer Weise abgepaust, die sie unmittelbar zu Musik werden ließ.

Der junge Johannes Walter geht in seiner „Zeremonie zur Annäherung an den Weißen Klang" (1984) für drei Perkussionisten von vierzigstufigen Mikrointervallen aus, die den ins Schweigen und in die Stille gleitenden Charakter der perkussiven Klänge umhüllen wie ein aufs äußerste verletzliches Gewebe aus Sounds und Atem und Berührung . . . Aber alle diese Beispiele sind *at random* gewählt, sie stehen stellvertretend für viele weitere, die jeder, der sich nur ein wenig in der neuen und neuesten Musik auskennt, durch lange Listen ergänzen kann.

---

[4] *Brian Ferneyhough:* Text zu „Superscriptio", vom Verlag versandt.

Die Überschreitung der Dynamik vom Hörbaren ins Nicht-mehr-Hörbare ist nur eine der vielen möglichen. Es gibt Überschreitungen der Sounds, der Tonalitäten, der Metren, der Dichte, der Farben, der Konsonanz in die Dissonanz – sie alle häufiger in der Moderne als in anderen musikalischen Epochen. Jede von ihnen steht für jede andere, wobei Überschreitung immer auch für das steht, was das lateinische Pendant dieses Wortes anzeigt: Transzendierung.

Wir mögen das Wort „Überschreitung" so realistisch gebrauchen wie irgend möglich, ja mögen sogar bewußt auf das ihm entsprechende Fremdwort verzichten wollen, an irgendeiner Stelle schleicht es sich ein und läßt sich nicht abweisen: Transzendenz. Sie ist die Überschreitung, die eigentlich gemeint ist – die vom „äußersten Innern" ins „äußerste Außen" und umgekehrt.

3. Vom Klang der Moderne

Wir können folgern, daß die Tendenz zur Überschreitung auch die Transzendierung von Stilen und Schulen impliziert. Das aber bedeutet: Sie ist stärker als das Stilistische, Handwerkliche, Technische, das die Musiker, Komponisten, Kritiker der Neuen Musik mit so ermüdender Inbrunst diskutieren, als sei dies das Entscheidende.

Daß in der Besessenheit der *Insider* (und ihrer Zeitschriften) durch Kompositions- und Herstellungsprozeduren etwas Illusionsträchtiges liegt, wird deutlich, wenn man sich folgendes vergegenwärtigt. Handwerklich gesehen mag es ein fundamentaler Unterschied sein, ob ein Werk von Schönberg noch spätromantisch oder schon in der Zwölftontechnik komponiert wurde, und dennoch klingen die entsprechenden Stücke fast so, als seien sie dem gleichen stilistischen Umfeld zugehörig. Ähnlich ist es mit Kompositionen, die noch in der Zwölftontechnik geschrieben oder aber bereits völlig seriell durchorganisiert wurden: Sogar Kenner und Fachleute gestehen immer wieder ein, sie könnten es nicht hören – obwohl es doch unter kompositionstechnischen Gesichtspunkte etwas völlig anderes ist, ob nur ein Parameter determiniert ist oder alle.

Am absurdesten wurde der Sachverhalt gegen Ende der seriellen Periode deutlich, als sich bei vielen Komponisten mit einemmal „Aleatorisches" einzuschleichen begann. Das Wort kommt von *alea* = Würfel und bringt zum Ausdruck: Nicht mehr die Reihe und die Serie entscheiden, sondern der „Zufall" (bei John Cage: das *I Ging*). Es ist offenbar: Konsequente Serialität und Aleatorik sind Gegensätze – und dennoch klingt die Musik für den, der das nicht weiß (ja sogar für viele, die zu den *Insidern* gehören), zum Verwechseln ähnlich.

Als auf den Darmstädter Ferienkursen für Neue Musik 1984 John Cages Streichquartett *Thirty Pieces* uraufgeführt wurde, meinte die kritische *brotherhood*, die da versammelt war, in diesem Werk die punktuelle Durchorganisiertheit Webernscher Serialität zu vernehmen – und doch befindet sich Cages Werk in einer genau entgegengesetzten kompositorischen Position; von Durchorganisiertheit kann keine Rede sein, es gibt nicht einmal eine Partitur, den vier Spielern ist es innerhalb der 45-Sekunden-*patterns* des Stückes selbst überlassen, wo sie einsetzen und wie schnell sie spielen – jeder in seinem eigenen Tempo. Seiner Herstellungsart nach müßte das Stück völlig anders – geradezu gegensätzlich – klingen als Serielle Musik; aber es klang ihr so ähnlich, daß selbst Kenner es für „seriell" halten konnten.

Es gibt im 20. Jahrhundert einen „Klang der Zeit", der tragfähiger und prägender ist als all das Technische, Stilistische und Handwerkliche, über das in den Fachzeitschriften soviel geschrieben wird. Fast gewinnt man den Eindruck, diese Blätter stellten ein zu grobes Sieb dar, dessen Raster nur das ganz Derbe – Technische, Handwerkliche, im Notenbild Sichtbare – auffängt, während das, worauf es eigentlich ankommt, durch seine Maschen rinnt. Der „Klang der Zeit" bildet das Dach, unter dem die diversen Schulen und Herstellungszirkel zwar nicht einträchtig wohnen und leben, aber doch miteinander verbunden sind, so daß auch der unpräparierte Hörer fast immer schon nach wenigen Takten sagen kann, ob es sich um ein Werk des 20. Jahrhunderts handelt – und meist auch, in welchem Teil des Jahrhunderts es anzusiedeln sei. Der Komponist Wolfgang Rihm: „Das Klima einer Musik wird immer das der Zeit sein, der sie entstammt – ob man will oder nicht."[5]

4. Transzendierung jetzt!
In Musik, Physik – überall!

Ist aber die Überschreitung in ihren verschiedenen Möglichkeiten und Dimensionen nicht auch außerhalb der Musik ein verbindendes Element der Moderne? Ein Blick auf die Neue Physik scheint das zu bestätigen. Alle ihre charakteristischen Findungen transzendieren: vom Raum in die Zeit, vom Materiellen in das Energetisch-Nichtmaterielle, von der Partikel in die Welle, vom Beobachter in das Beobachtete, von der Drei- in die n-Dimensionalität.

Der Befund erhärtet sich, wenn man bemerkt, daß es Überschreitungsprozesse sowohl in der „klassischen" Physik wie in der musikalischen „Klassik" (im weitesten Sinne) auffällig seltener gibt als in moderner Physik und moderner Musik. In der Musik der „Klassik" nehmen sie im musikalischen Bewußtsein der Allgemeinheit meist eine Sonderstellung ein – in der „Kunst der Fuge", im „Musikalischen Opfer", in Beethovens späteren Streichquartetten, in Mozarts Requiem; jeder bewanderte Leser kann die Liste vergrößern. Aber keines dieser Werke steht stellvertretend für einen Zeit-Stil; kennzeichnenderweise markieren sie jeweils einen äußersten Punkt in der persönlichen und menschlichen Entwicklung des betreffenden Komponisten. Die meisten von ihnen werden von den Musikhörern als musikalische und künstlerische Anti-

[5] *Wolfgang Rihm:* aus seinem Vortrag „Eigentlich gibt es Tonalität nicht. Nur Harmonik – auf den „Internationalen Ferienkursen für neue Musik", Darmstadt 1984.

zipationen des Sterbens und des Todes ihrer Verfasser empfunden; also jenes Überschreitungsprozesses, in dem all die
anderen – ihn symbolisierend – kulminieren.

5. Ben Webster: Vom Blasen ins Stöhnen ins Flüstern ins Atmen

Es ist aufschlußreich zu fragen, wo musikalische Überschreitungen außerhalb der Moderne prägend und kennzeichnend
wirken. Innerhalb unserer europäischen Tradition gerät man
dann in die Gregorianik, in deren Dom- und Kathedralkup-
peln Hall und Nachhall ein ständiges Fließen zwischen dem
Hör- und dem Unhörbaren schufen. Vor allem aber gerät man
auf Außereuropäisches. Auf Bali gibt es eine *Geng Gong* ge-
nannte Maultrommelmusik, deren Vibrationen lange, bevor
sie hörbar werden, zu beginnen scheinen und – auf der Haut
spürbar – noch nachwirken, wenn sie schon wieder verklungen sind.

Im Bereich des Jazz sind es vor allem die großen Tenor-
saxophonisten, in deren Musik – in atemberaubendem Fließen – Hörbares in Unhörbares und Unhörbares in Hörbares
hinübergleitet – deutlich etwa auf den Platten von Coleman
Hawkins, dem „Vater des Tenorsaxophons" (nicht freilich in
seinen frühen, mehr in seinen Altersaufnahmen). Noch deutlicher in den Balladenimprovisationen Ben Websters. Wenn
der seine Lieblingsballade *How Long Has This Been Going on*
spielte, ging Blasen und Stöhnen und Stöhnen in Flüstern
und Flüstern in Atem über. Oft war es, als atmete er nur noch
die Melodie, und jeder Atemzug stellte die Frage des Songs:
Wie lange soll das noch weitergehen? Bens Freunde in Ko-
penhagen (wo er vor seinem Tod lebte) schätzen, daß er das
Stück in den letzten Jahren seines Lebens viele hundert Male gespielt hat. Es hat ihn „hinübergeleitet", und die Art, in
der er es spielte, implizierte von Anfang an den Transzendierungsprozeß, den so viele seiner Kritiker – etwa die Berliner
Jazztage 1965 – nicht verstanden haben.

6. Mit der Acht durch die Nacht in das Neue

Die großen japanischen *Shakuhachi*-Flötisten – Hozan Yamamoto zum Beispiel – brillieren geradezu im Schaffen von Transzendenzen – als sei es mehr der Atem des Spielers, der Klang werde, als das Bambusholz des Instrumentes. Die Kunst des *Shakuhachi*-Spiels ist in den Gärten der meditierenden Zen-Mönche entstanden. Man mußte meditiert haben, um gut *Shakuhachi* spielen zu können. Die Musik kam aus dem Innenraum, der sich dem Spieler in der Meditation erschlossen hatte. Sie wiederholte – ihm tönende Gestalt gebend – jenen Transzendierungsprozeß, auf den Meditation hinausläuft.

Esoteriker – zumal japanische mit ihrer Liebe zu den in Sprache und Schrift verborgenen Zeichen – lieben es, auf die in dem Wort *Shakuhachi* verborgene Zahl hinzuweisen: *hachi* heißt acht, *shakuhachi* ist ein achtel Fuß. Die Urform des Instruments war ein Achtel des alten japanischen Fußes lang; inzwischen gibt es *Shakuhachis* in den verschiedensten Stimmungen – von der Höhe einer Piccolo bis hinunter zur Baßflöte – und damit auch in den verschiedensten Längen.

Die Acht[6] ist die Ziffer von Buddhas Achtfachem Pfad, acht Speichen hat das Rad-Symbol, acht Blätter die buddhistische Lotosblüte, acht Pfade führen zur Vollkommenheit, aus acht Ur-Trigrammen – in zweimal vier Windrichtungen und Jahreszeiten – besteht das *I Ging*-Orakel. Acht Häuser hatte das Ur-Horoskop, der *Oktatopos* (= Acht-Ort), im alten Ägypten, auch in China (denn daraus entstanden die acht Felder des *I Ging*) und im frühen Mesopotamien, wo dann der Umschlag in das Zwölfer-Horoskop stattfand: eine der größten Revolutionen in der Entwicklung des Menschen, denn

[6] *Acht und Neun:* nach: „Lexikon der Symbole" (Herder, Freiburg), Horst E. Miers: „Lexikon des Geheimwissens" (Goldmann, München), M. u. H. Leene: „Ursprung und Weisheit der Zahlen" (Ercee Verlag, Haarlem – Kassel 19766), Kluge: „Etymologisches Wörterbuch der deutschen Sprache" (Stuttgart 1958) sowie nach Informationen meines Mitarbeiters Udo Bender.

die vier neuen Häuser und Sternzeichen waren nicht nur am Himmel neu, sondern auch im psychischen und geistigen Potential des Menschen. Wäre es anders, hätten bereits die Weisen des alten Ägypten zum Zwölfhäusersystem gefunden; aber sie brauchten es noch nicht, um verstehen zu können, was in der Seele des Menschen geschieht.

Die *Shakuhachi* ist nicht nur von ihrem Klang, sondern auch von ihrem Namen her ein Symbol des Weges „nach drüben", eine musikalische Metapher der Transzendierung: ein Name, der einfach „stimmt".

Erstaunlich übrigens die Entsprechungen zur christlichen Esoterik. Die Bergpredigt enthält acht Seligpreisungen; es gibt acht Belohnungen der Seligen, acht Freuden der Seligen, acht Strafen der Verdammten. In der Alchimie haben die Elemente acht Eigenschaften.

Acht ist die Ziffer der *Acht*samkeit, jenes Zustandes äußerster Wachheit und Bewußtheit, in dem Transzendierung geschieht. Die *Lemniskate* – die liegende Acht – ist ihr mathematisches Symbol: die Überschreitung in die Unendlichkeit. Die Acht ist die Negierung der *Nacht* – nicht nur im Deutschen: *Acht – Nacht, eight – night, huit – otto – notte* . . . Das achte Sternzeichen ist der Skorpion – das schwierigste und abgründigste mit dem größten Potential zur Wandlung, zum „Stirb und Werde"; zum Eintritt in *Neues* und in der *Neun* – in den Schützen, das *neunte* Tierkreiszeichen, das – wie kein anderes – das Tor öffnet, das „schnell wie der Pfeil" ist und zu großen Reisen in die Ferne strebt. Mit ihm begann die Erschließung des Zwölferpotentials nach den Jahrtausenden, in denen die acht Häuser und Sternzeichen – und die acht *I Ging*-Trigramme – völlig genügt hatten, um den Bewußtseinszustand des Menschen adäquat zu beschreiben. Im *neunten* Monat tritt das *neu* geborene Baby – die *Acht* negierend – aus der *Nacht* in das *Neue*.

Auch die Sprache weiß um die Beziehung der *Neun* zum *Neuen*: griechisch *ennea* (neun) und *neos* (neu), lateinisch *novem* und *novus*, englisch *nine* und *new*, französisch beide (!) Male *neuf*, italienisch *nove* und *nuovo* etc.

Man kann sagen: Der *Shakuhachi*-Spieler dreht die *acht* Speichen des Ewigen Rades, eintretend in *Acht*samkeit in die *Nacht*, an deren Morgen das *Neue* beginnt.

7. Vom Gleichnis der logarithmischen Kurve

Vielleicht gibt es einen tiefen, verborgenen, mehr als nur gleichnishaften Zusammenhang zwischen dem überschreitenden Charakter einer Musik und der logarithmischen „ins Unendliche verlaufenden, offenen Kurve", die die Schnecke im Innenohr abbildet und auf den Weg bringt. Wir haben gesehen, daß sich das Verhältnis zwischen den Intervallen und den Frequenzen in der Beziehung zwischen der Gesetzmäßigkeit der Logarithmen und der ihrer *Numeri* spiegelt, aber es ist möglich, daß es sich – im „Spiegelkabinett" unserer Hörwahrnehmungen – noch ein weiteres Mal wiederholt: im Umkreis der Überschreitungen, die gerade auch unter diesem Blickwinkel als das erscheinen, was sie sind: nicht nur als Symbole der Transzendierung, sondern als Hörbarmachung des Transzendenten, ja als dieses selbst. Jedes Instrument – Ben Websters Tenorsaxophon ohnehin! – kann *Shakuhachi* sein, kann die *Acht* sein, die in *Acht*samkeiten durch die *Nacht* in das *Neue* tritt.

aus: Das dritte Ohr

X
Lobsingend wachsen!

Lobsingen heißt: eine Lampe anzünden durch Sitar-Spiel.
Nach einer alten indischen Legende

1. „Gott hungert nach Liedern"

Es gibt keine Kultur – von den Indern der Upanischaden bis zu den Juden der Psalmen, von den Babyloniern bis zu den Azteken, von den Ägyptern bis zu den Japanern, von den Sufis bis zu den Balinesen –, die nicht weiß und erfahren hat: Musik ist ein Lobgesang. Musik begann, um zu preisen. Um in Freude und Überschwang das Lob der Götter und Gottes zu singen. Das war der Beginn, der ihr Kraft gab. Diese Kraft trug sie. Überallhin – in Liebe und Trauer, in Sehnsucht und Ohnmacht, in Zorn und in Schmerz.

Immer noch steckt dieser Beginn in ihr. Nur dem, der die Negativität in der Kunst braucht, um die eigene zu legitimieren, klingt es naiv, wenn jemand gegen Ende des 20. Jahrhunderts meint, Musik sei ein Lobgesang. Kein Zweifel – sie ist es – in Stockhausens „Licht" und in Messiaens „Turangalila", in Coltranes „Love Supreme" und Miles Davis' „Bitches Brew", in Ali Akbar Khans „Karuna Supreme" und in Strawinskys „Psalmen-Symphonie".

Noch immer kann Musik die „Deichsel aus Lobgesängen" sein, von der die Upanischaden singen. Es war diese Deichsel, die den Wagen der Sonne zog: Die Sonne ginge nicht über den Himmel ohne sie.

Marius Schneider hat gezeigt, daß die Sanskrit-Wurzel *bra* sowohl *wachsen* wie *lobsingen* bedeuten kann. Sie steckt im Namen des Schöpfergottes *Brahma* und des *Brahmans*, des Kosmischen Prinzips. Also: Gott Brahma wuchs, indem ihm Lob gesungen wurde. Das Universum wuchs durch Gesang.

Martin Buber erinnert daran, daß die ersten Mythen Lobgesänge waren. Und Marius Schneider resümiert: „Gott hungert nach Liedern." Nach lebenslangem Studium der Religionen und spirituellen Überlieferungen der Völker bezieht Schneider diesen Satz nicht nur auf die vedischen Mythen, sondern auf den gesamten mythischen Bestand der Völker der Menschheit. Für sie alle gilt: Im Gesang der Musik wächst die Welt.

Welcher Musik? Wir sind in diesem Buch immer wieder darauf gestoßen: Unsere menschliche und irdische Musik bildet die Proportionen des Kosmos ab. Nicht jeder Zahlwert ist ein Ton, aber jeder Ton ist ein Zahlwert, und wir haben gefunden: Die Natur bevorzugt – weit hinausgehend über zufallsmathematische Wahrscheinlichkeiten – solche Zahlen, die gleichzeitig Töne sind. Daß „die Welt Klang" ist, wissen nicht nur die Mythen und Legenden der Völker, auch die gesicherten Ergebnisse der harmonikalen Grundlagenforschung und vieler anderer Disziplinen bestätigen es. Wir haben den Klangcharakter der Welt in DNS-Genen und in den *spins* der Elektronen, im Sonnenwind und im Erdmagnetismus, im Wetter und im Gesang der Blumen und Pflanzen bestätigt gefunden.

Die Frage stellt sich: Wenn unsere irdische Musik als Lobgesang begann und in vielen ihrer Schöpfungen immer noch Lobgesang ist und wenn menschliche Musik nur ein minimaler Ausschnitt aus der Musik des Universums ist, muß dann nicht auch die kosmische Musik – die Musik der Sphären und Milchstraßen, der Planetenbahnen und Elementarteilchen und Gene – zuallererst Lobgesang sein?

Niemand, der lediglich irdisches Wissen und irdischen Überblick besitzt, vermag diese Frage zu beantworten. Aber wir können die Antwort erahnen.

2. Vom „Zweck" der Musik

Von all den vielen nichtmenschlichen Musiken und harmonikalen Abläufen, die wir in der Natur gefunden haben, ist eine uns ganz besonders nahe: der Gesang der Vögel. Er spielt sich im gleichen Frequenzraum der Hörbarkeit ab und ähnelt menschlicher Musik so sehr, daß wir ihn seit alters als „Gesang" und als „Singen" bezeichnen. Seit Jahrtausenden lassen sich Musiker durch ihn inspirieren. Nicht nur Flötisten tun das, auch Schöpfer von Symphonien und Orgelwerken, Beethoven in seiner Sechsten oder Messiaen in vielen seiner Kompositionen oder Respighi in den „Pinien von Rom", John Cage in seinen „Song Books" oder der Posaunist Albert Mangelsdorff in seinen Improvisationen. Wäre also auch Vogelgesang ein Lobgesang? Können wir dies nachvollziehen?

Zoologen und Ornithologen „erklären" die „Musik" der Vögel wie alles andere auch: als Funktion der Evolution. Vogelgesang – so sagen sie – stelle die Fortpflanzung und die Erhaltung der Art sicher. Aber jedem, der sich auch nur ein wenig mit Biologie befaßt hat, ist einsichtig, daß die Natur über viel direktere und einfachere Abläufe und Mechanismen verfügt, die ohne Gesang das erwünschte Ergebnis mit noch viel größerer voraussehbarer Sicherheit herbeiführen.

Wer den Gesang der Vögel nur mit einem biologischen Zweck erklärt, der gleicht ein wenig einem Wissenschaftler, der die Musik der Menschen als biologisch konditioniert bezeichnet – was ja möglich wäre. Man stelle sich vor: Ein Astronaut einer fernen, kosmischen Zivilisation kommt auf die Erde, besucht ein Konzert – vielleicht ein Rock- oder Jazz-Festival –, kann mit der Musik wenig anfangen, aber beobachtet, daß junge Menschen dabei einander kennenlernen, miteinander flirten, einander umarmen und küssen und hinterher gemeinsam nach Hause gehen. Zurückgekehrt auf seinen heimatlichen Stern wird er verkünden: Es gäbe Musik auf der Erde, und die diene der Erhaltung der Art; dies sei ihr „Zweck".

Indem wir darüber lächeln, bemerken wir: Der evolutionäre „Zweck", den die Biologen dem Vogelgesang unterschieben, ist etwas Zusätzliches. Die Wissenschaftler haben ja recht, aber was sie gefunden haben, ist nicht das Eigentliche – so wenig wie unser Mars-Mensch das „Eigentliche" menschlicher Musik verstanden hat. Was die Wissenschaftler entdeckt haben – und was logisch beweisbar ist –, ist nur die Begleiterscheinung: Die Evolution benutzt den Vogelgesang – wie bisweilen auch die Wirkungen unserer menschlichen Musik –, um zusätzlich auch noch durch ihn zu ihrem Ziel zu kommen. Sie benutzt alles, also auch dies. Aber ihre Nutzung ist nicht Ursache – nicht *ratio* im Sinne des Satzes vom Grund.

Musik ist wie die Rose des Angelus Silesius: „Sie blühet, weil sie blühet." Sie „kennet kein Warum". Musik klingt, weil sie klingt. Wenn dies von unserer menschlichen Musik gilt, muß es auch von jeder anderen Musik gelten. Also auch von der der Vögel.

Wenn Wissenschaftler vom Postulat der Fortpflanzung ausgehen dürfen, dann muß es uns auch gestattet sein, vom Postulat des Lobgesangs auszugehen – und sofort ergibt sich: Dieses Postulat führt – sogar in einem wissenschaftlichen Sinne – weiter. Es besitzt den größeren Radius und bietet sogar noch Raum für die evolutionistischen Deutungen der Wissenschaftler. Sie können das Lobsingen nicht mit ihren Vorstellungen vereinbaren, aber im Kosmos derer, die von der Hypothese des Lobsingens ausgehen, ist durchaus auch für die Theorien und Folgerungen der Wissenschaftler Platz. Wie eng deren Weltbild und was die Konsequenz ihres Denkens ist, klang schon bei Schopenhauer an. Er hielt den Gesang der Nachtigall für eine „unbegreifliche Verschwendung künstlerischer Gaben an ein ahnungsloses Tier."

Wer immer den Gesang der Vögel hört und singende Vögel beobachtet – sei es auch nur im Käfig in der Zimmerecke, überzeugender freilich an einem Frühlingsmorgen in einem Baum, an dem die ersten Blätter sprießen und auf dessen höchstem Trieb jubelnd die Amsel flötet –, der empfindet genau das, was seit je die Menschen nichtentfremdeter Kulturen gefühlt haben: Das Singen hat für die Amsel – oder die Lerche oder die Nachtigall – genau den gleichen Zweck wie für uns Menschen – nämlich: „schöne Musik" zu machen. Zu jubilieren, zu preisen, zu lobsingen, fröhlich zu sein, das Fest des Lebens zu feiern: Nahrung für die Seele derer, die sie hören – und das sind nicht nur die Vögel selbst, sondern alle Wesen in der Natur, auch zum Beispiel wir Menschen. Nahrung vielleicht sogar für die Götter. Im Sinne von Marius Schneider. „Gott hungert nach Liedern."

3. „Weißt du, wieviel Mücklein spielen . . .?"

Gehen wir einen Schritt weiter: Menschliche Musik und Vogelgesang bilden die spezifische Ausprägung eines Prinzips, das wir überall in der Natur beobachten können. Auch außerhalb des Musikalischen und des mit den Ohren Wahrnehmbaren. Zoologen berichten von den Freudentänzen der Paviane und Schimpansen. Sie behaupten, daß die Tänze nötig seien, damit die Affen sich fortpflanzen, aber Affen kopulieren auch dann, wenn es vorher ein solches mit lautem Lärm verbundenes Herumspringen nicht gegeben hat. Zwar ist offensichtlich, daß das Tanzen die Fortpflanzung erleichtert, sie intensiver und freudevoller gestaltet – das tun auch menschliche Tänze und menschliche Musik –, aber kein Evolutionist hat je bewiesen: Der „Zweck" der Tänze ist Kopulation – „bewiesen" in jenem Sinne, in dem Wissenschaftler selbst das Wort zu gebrauchen pflegen, wenn sie anfechten wollen, was nicht in ihre Theorien paßt.

Dichter besingen den Tanz der Mücken – „Weißt du, wieviel Mücklein spielen/in der hellen Sonnenglut?" – und haben ihn seit alters als Freudentanz empfunden. Zwar mögen die Zoologen auch ihn als Funktion der Erhaltung der Art interpretieren, aber auch hier ist der umgekehrte Mechanismus der wahrscheinlichere: Die Natur benutzt den Tanz, um durch ihn zusätzliche Impulse für die Erhaltung der Art (die auch ohne Tanz sichergestellt wäre) zu gewinnen.

Die Zoologin Jane van Lawick-Goodall hat im Gombe-Reservat in Afrika während und nach einem heftigen Regen einen „Regentanz" von Schimpasen gefilmt, der über jeden Zweifel hinaus „nichtsexuell" war. Die Affen-Männchen kullerten in ausgelassener Freude einen Hang hinunter, liefen wieder hinauf und ließen sich von neuem hinabrollen, rissen Zweige von den Bäumen – jene Art „Palmwedel", die auch Menschen bei festlichen Anlässen zu schwingen lieben – und wirbelten sie unter lautem Geschrei durch die Luft. Weibliche Affen waren nicht in der Nähe. Jane van Lawick-Goodall hatte keinen Zweifel: Der Tanz bekundete Freude. Die Schimpansen „feierten" den Regen.

Wenn ein solcher „Regentanz" einmal beobachtet wurde, muß als wahrscheinlich gelten, daß er öfter geschieht – nicht nur bei Schimpansen. Bekunden auch Mücken ihre Freude, wenn sie nach einem sommerlichen Regenfall in intensivierten Choreographien einander umtänzelnd durch die Luft schwirren? Tun es Elefanten, wenn ihre riesigen Körper im Tanz und unter den Trompetenstößen ihrer Rüssel eine fast schwebende Leichtigkeit und Behutsamkeit gewinnen? Tun es die Känguruh-Ratten, wenn sie mit ihren kraftvollen Hinterbeinen Rhythmen durch die Nacht trommeln, die exakt denen gleichen, die man – wenige Kilometer weiter vielleicht – in einer Yoruba-Zeremonie schwarz-afrikanischer Menschen hören kann? Wenn sie hier – bei den Menschen – Freude und Lobgesang, Liebe und Verbundenheit mit der Natur bedeuten, wie ist es denkbar, daß die gleichen Rhythmen, wenn die Ratten sie schlagen, nicht auch die gleiche Botschaft enthalten? Es ist doch die gleiche Musik!

Wölfe und Kojoten (so hat Jim Nollmann beobachtet und aufgenommen), Wale und Delphine (so haben John C. Lilly und Antonietta Lilly dokumentiert) singen mit Menschen. Der Mensch singt vor – und sie fallen ein in den Gesang. Nollmann und die Lillys haben ausprobiert: Wenn sie falsch zu singen begannen, verstummten Wölfe, Kojoten, Wale, Delphine. Diese hatten die gleichen Kriterien wie die Menschen, oft reagierten sie schneller und sensibler auf falsch singende Menschen als die musizierenden Menschen untereinander. Es ist also wirklich die gleiche Musik!

4. Wal-Zerklänge – Wal-Zertanz

Eindringliche Beispiele zur getanzten und gesungenen Musik in der Natur bieten die Wale. Ihre Gesänge sind von einer Emotionalität, die schon manchen menschlichen Zuhörer betroffen gemacht hat, der ihnen des Nachts – etwa im Point Lobos im nördlichen Kalifornien oder auf einer der Neufundland vorgeschobenen Inseln – zuhörte, als höre er ein Lied seiner eigenen *Spezies*. Fischer sagen: Du wirst schwermütig, wenn du sie hörst. Du kannst dabei weinen. Musiker haben sie ihren eigenen Kompositionen und Improvisationen zugrunde gelegt (z.B. Judy Collins, Alan Horhanes, Paul Winter, Paul Horn und andere).

Die Sounds, welche die Wale ausstoßen – ihre Musik –, sind differenzierter in Tonhöhe und Intensität als menschliche Sprache. Natürlich meinen die Zoologen auch in diesem Fall, daß die Wale mit ihren Gesängen ihre Paarung vorbereiten. Zusätzlich – so haben sie herausgefunden – benutzen sie sie zur *echo location*, zur Ortung durch Echo. Aber für beide Zwecke bräuchten die Sounds längst nicht so differenziert zu sein. Sie sind – so räumen neuerdings sogar junge kalifornische Zoologen ein – durchaus ein *„Extra-Bonus* der Natur", der biologisch und evolutionistisch nicht erklärt werden kann, ja positivistischen Deutungen widerspricht, denn zum Beispiel die Echo Locations würden mit einfacheren Sounds sehr viel zuverlässiger funktionieren als mit den hochdifferenzierten Liedern der Wale.

Die Sound-Sensibilität und Musikalität der Wale zeigt sich auch in ihrer Fortbewegungsart. Sie wandern in einem Dreier-Rhythmus: Mit einer betonten „Eins" tauchen sie auf, und nach zwei weiteren, unbetonten Zählzeiten versinken sie wieder unter der Wasseroberfläche – beziehungsweise umgekehrt: Mit der betonten „Eins" tauchen sie ein und schwingen sich während zweier unbetonter Taktschläge über eine dreimal (!) so lange Unterwasserstrecke hinweg wieder dem Auftauchen entgegen. Jeder einzelne Prozeß ist gegliedert in eine nach oben und unten geschwungene Dreierstruktur.

Man könnte sagen, die Wale bewegen sich *Walzer* tanzend fort – aber nicht wie wir Menschen in der Horizontalen, sondern in der Vertikalen: von oben nach unten. *Walzer*-tanzend überwinden sie riesige Entfernungen – zum Beispiel alljährlich etwa 16 000 Kilometer von Alaska bis hinunter nach Baja California in Mexiko und wieder hinauf in den Norden.

5. Das Universum tanzt

C. G. Jung berichtet in seinen „Überlegungen zum Wesen des Psychischen" von einem Stamm in Äquatorial-Afrika am Südabhang des Mount Elgon, den Elgonyi, bei dem er beobachtet hatte, „daß die Leute beim Sonnenaufgang vor ihre Hütte traten, die Hände vor den Mund hielten und darein spuckten oder bliesen. Darauf erhoben sie die Arme und hielten die Handflächen gegen die Sonne. Ich fragte sie, was das bedeutet, aber keiner konnte mir eine Erklärung geben. Sie hätten das immer so getan und es von ihren Eltern gelernt. Der Medizinmann wisse, was es bedeute. Darauf fragte ich den Medizinmann. Der wußte es ebensowenig wie die anderen, versicherte mir aber, sein Großvater hätte es noch gewußt. Man mache das eben so bei jedem Sonnenaufgang . . ."

Das ist die eigentliche Tradition, in der sich Tanz, Musik und Freudenbekundungen befinden: „Man" macht das eben so. Die Eltern haben es von den Großeltern gelernt: bei den Schwarzen am Mount Elgon nicht anders als bei tanzenden Mücken, trompetenden Elefanten und singenden Vögeln, bei den Hochzeitszeremonien der Bienen, Ameisen und Termiten, bei den „Laichtänzen" (das ist der durch das evolutionistische Denken gefärbte Ausdruck: weil es keinen anderen gibt, leihe ich ihn mir aus) der Fische und bei Hunderten ähnlicher Phänomene. Natürlich auch bei den Konzerten der Menschen. Keines dieser Phänomene ist zur Fortpflanzung nötig, aber sie schaffen einen Rahmen, in dem Fortpflanzung differenziert werden kann: reicher, leichter, fröhlicher, beschwingter – weil auch sie selbst reich, leicht, fröhlich, beschwingt sind. Sie differenzierten das „Ambiente" der Fortpflanzung.

Das am meisten differenzierte „Ambiente" der Fortpflanzung nennen wir Liebe. Sie ist das Ziel, auf das hin sich die Differenzierung bewegt – und es bleibt offen, wo und bei wem sie es erreicht. Erreicht sie es stets beim Menschen? Doch wohl nicht. Woher wissen wir, daß sie es nur bei uns erreichen will? Nur bei uns anstrebt?

Es ist möglich, daß es eine Stufenleiter gibt, aber ebenso sinnvoll ist es, anzunehmen, daß alle diese Musik, diese Tänze und Freudenbekundungen – alle diese Differenzierungen von Freude am Leben – als einander gleichberechtigt gehört und gesehen werden können. Offenbar sind die unendlich komplizierten und vielschichtigen Linien, Verzweigungen, Kurven, mit denen die Mücken ihren Tanz in die Luft zeichnen, nicht weniger hoch entwickelt – vielleicht sogar schwieriger nachzuvollziehen – als eine Choreographie des New York City Balletts. Auch könnte es sein, daß die wunderbare, seltsam „stimmig" wirkende Linearität der „Schnüre anziehenden" Laichtänze bestimmter Fischarten dichter noch und komplexer ist als die Linien einer Fuge von Bach.

Offensichtlich ist: Überall gibt es „den" Tanz – bis hinunter in die Dimensionen der Amöbe und Zelle, ja auch die Teilchen-Physiker gebrauchen bereits den Ausdruck „Tanz" im Hinblick auf das Verhalten der Partikeln im Atomkern. Es ist möglich, daß ihr „Tanz" der Ur-Tanz ist, der all die anderen Tänze – und das akustische Äquivalent des Tanzes: die Musik – in der Natur und im Universum vorgebildet und konditioniert. Auch den Gesang der Nachtigall. Und die Matthäuspassion.

Da die Partikel tanzen, tanzt alles, was dieses Universum bildet und ausmacht. Der Tanz von Gott Shiva, in dem sich das Universum immer wieder neu erschafft.

6. Die Leiter der Liebe

Von William Blake (1757–1827) – dem englischen Dichter und Maler, der bereits Ende des 18. Jahrhunderts sowohl den Jugendstil als auch Freuds und Jungs Enträtselung der Symbole angebahnt hat – stammt das Wort. *„Energy is eternal delight."* Ich würde übersetzen: „Energie ist ewiges Entzücken." Aber ich setzte alles dahinter, was das Lexikon für *delight* angibt: Freude, Spaß, Vergnügen, Lust, Wonne . . . Das alles ist Energie.

Wir können es sehen, wenn Kinder rastlos und jauchzend miteinander spielen und Energie und *delight* so nahtlos ineinander übergehen, als seien beide das gleiche. Wir spüren es, wenn Menschen eine Nacht hindurch tanzen können – die gleichen Menschen, die vorher – bei dem viel geringeren Energie-Bedarf ihrer täglichen Arbeit – schon nach zwei Stunden müde zu werden beginnen. Jeder erfährt es beim Liebesakt. Und wir können nicht glauben, daß wir so sehr von der Natur abgekoppelt sind, daß das, was für uns gilt, nicht auch für den viel größeren „Rest" der Schöpfung gilt: Für die Schimpansen, die sich schreiend den Hang hinab tummeln. Für die Lerchen, die sich singend in den Himmel schwingen. Für die Weinreben, die arabeskenhaft in die Höhe ranken und dort schon – in jedem „Kringel" jedes einzelnen Stocks – genau jene Beschwingtheit, jenes „kringelnde" Kreisen von Energie, jene Lust und jenes Entzücken entwickeln, die wir später – den Wein trinkend – in unseren Köpfen spüren . . . Für den Tanz der Photonen, die keinen Ort haben und keine Masse, und dennoch Energie! Hier – bei den kleinsten Partikeln des Universums – beginnt Energie. Hier also beginnen: Entzücken, Glück, Freude, Spaß, Vergnügen, Lust, Wonne . . .

„Energy is eternal delight." Blake meinte die Energie, die bra ist, die wachsend lobsingt – die Energie des Kosmos.

Längst schon ist deutlich: Die Idee des Lobgesangs und die der Liebe (wenn es den Biologen lieber ist: der Fortpflanzung) sind keine Widersprüche. Zwar ist nur die letztere evolutionistisch, aber beide sind Ideen der Evolution: der Höherentwicklung nicht nur im biologischen, sondern auch im Sinne Teilhard de Chardins: als wachsende Negentropie, dem Tod, Ende und Untergang entgegenwirkend.

Loben ist Lieben. Wer aufmerksam gelesen hat, konnte das in diesem Kapitel bei jedem einzelnen der gegebenen Beispiele spüren. Und wer das paläolinguistische Grundgesetz der Austauschbarkeit der Vokale kennt, der weiß: Die beiden Worte – Lieben und Loben – gehören auch sprachgeschichtlich zusammen, ja sie sind ursprünglich ein Wort gewesen. Für den frühen Menschen war Lieben = Loben.

In der tantrischen – auch in einer alten javanischen – Überlieferung gibt es die „Leiter der Liebe": Insofern eine Frau einen Mann liebt – so wird dort gelehrt –, liebt sie in diesem einen Mann alle männlichen Wesen. Insofern ein Mann eine Frau liebt, liebt er in dieser einen Frau alle weiblichen Wesen. Insofern er alle weiblichen Wesen – und sie alle männlichen Wesen – liebt, lieben er und sie alle menschlichen Wesen. Insofern sie alle menschlichen Wesen lieben, lieben sie alle Wesen – alle (ich muß jetzt, um besser verständlich zu sein, auf die englische Sprache umschalten) *beings*. Insofern sie alle Wesen, alle *beings*, lieben, lieben sie es, *to be*: zu sein – das Sein als Ur-Grund des Kosmos; sie lieben das Wesen und das Sein. Sie lieben die schöpferische Kraft und Energie des Universums, die viele von uns Gott nennen. Sie lieben. Punktum! Die Frage, wen sie jeweils *in praxi* lieben, ist nur – um es englisch zu sagen – *a matter of preference:* eine Frage des Vorzugs, auch des jeweiligen Schicksals, seiner Wege und Fügungen.

Auf jeder einzelnen Sprosse der „Leiter der Liebe" ist das Wort Liebe ohne jede Sinn-Einbuße, ja im Gegenteil zwecks Gewinnung gesteigerten Sinns gegen das Wort Loben austauschbar.

7. Wir sind nicht getrennt

Wir sind nicht getrennt. Das ist es, worauf die „Stufenleiter der Liebe" – und des Lobens – hinausläuft. Wir sind es auch in einem wissenschaftlichen Sinne nicht. Die Anthropologen des vergangenen Jahrhunderts haben angenommen, der Mensch unterscheide sich dadurch vom Tier, daß er Werkzeuge herstellen könne. Aber dann wurde beobachtet: Auch Affen machen sich einfache Werkzeuge. Später entstand die Idee, der Mensch sei das sprechende Wesen. Inzwischen wissen wir: Die Informations-*bits*, die Wale in einen halbstündigen Gesang verpacken, sind zahlreicher und dichter als die der gesamten „Odyssee". Ja, Wale haben „Dialekte" entwickelt, einander so ähnlich wie menschliche Dialekte und dennoch ebenso differenziert.

Huizinga konzipierte die Idee des *homo ludens*, des spielenden Menschen. Aber auch Fische, Mücken, Affen, Katzen, Ratten spielen. Der Mensch sei das „schöpferische Wesen", meint Hegel in der „Phänomenologie des Geistes", aber wir Heutigen wissen: Das ganze Universum ist schöpferisch. Nur der Mensch habe Intelligenz, dachten die Rationalisten; aber inzwischen wird es immer schwieriger, menschliche und Computer-Intelligenz voneinander zu unterscheiden, und dicke Fachbücher mußten geschrieben werden, um doch noch Differenzierungsmöglichkeiten aufrechterhalten zu können. Allein der Mensch könne denken, war eine Vorstellung, die uns allen ans Herz gewachsen war. Aber 1984 lautete die Schlagzeile der Hauszeitschrift einer pharmazeutischen Firma: „Können Bakterien denken?" – mit einer Fülle von Material, das in der Tat in diese Richtung deutet.

„Verhaltensforscher billigen heute ihren Objekten, den Säugetieren, Vögeln und Affen, mehr Intelligenz und Lernfähigkeit zu, als gewisse Gelehrte noch vor zwanzig Jahren dem paläolithischen Menschen einräumen mochten", schreibt Richard Fester. Eben noch hatte man geglaubt, es sei ein Triumph menschlicher Intelligenz gewesen, daß sich die frühen phönizischen und Wikinger-Seefahrer – und die polynesischen! – bei der Überwindung riesiger Strecken nach den Sternen zu richten verstanden; heute wissen wir, daß Vögel und andere Tiere dies ebenfalls tun – und dabei weniger Fehler machen als Menschen.

Dichter mögen uns trösten, wir hätten immer noch unsere Träume; aber Traumforscher haben „REM" (= *Rapid Eye Movements*) bei zahlreichen schlafenden Tieren beobachtet und sind sich zumindest im Falle der Hunde sicher, daß auch sie Träume haben.

Géza Róheim meinte: „Der Mensch ist ein Tier mit einer Vorliebe für Ethik." Aber auch zahlreiche Tierarten kennen Liebe, Verantwortung, Mitleid, Fürsorge. Sogar die Idee der Aufopferung für die Nachkommen oder für den Stamm ist verbreitet in der Natur. Vögel, Elefanten, Karnickel, Wölfe, Gorillas umhegen ihre „Familie" mit genau jenem Bewußtsein, das bei den Menschen unter „Moral" und „Anstand" rubriziert wird. Ja, viele Tiere – Elefanten etwa oder Hunde – umsorgen sogar ihre Toten mit einer Anhänglichkeit, in der jeder menschliche Beobachter die eigene Trauer-Fähigkeit wiedererkennt.

„Die absolut erste Innewerdung der eigenen Existenz und des eigenen Seins wird mit der Erkenntnis des ‚Ich bin!' begriffen . . . Aber ein Affe hat schon eine Vorstellung von sich selbst als ein von anderen Verschiedener, wie zur völligen Zufriedenheit der Wissenschaft demonstriert werden konnte" (Richard Fester).

Was also bleibt übrig?

Nichts trennt uns. Es gibt nur Schattierungen, Verschiebungen, graduelle Abweichungen, gleitende Übergänge, Fluktuationen und Oszillationen zwischen uns und dem Universum. Wir sind nicht getrennt.

8. Leben ist Lieben ist Loben ist Sich-Laben

Die Stufenleiter führt weiter. Sie kann beim Menschen nicht aufhören. Sie führt nach oben und unten – in den Makro- und in den Mikro-Kosmos. In das Universum!

Die Stufenleiter des Lobgesangs bildet sich ab in dem harmonikalen Geschehen, das zwar schon seit Pythagoras, aber noch nie in solcher Fülle wie in unserer Zeit entdeckt wird und das doch nur einen minimalen Ausschnitt dessen darstellt, was noch der Entdeckung harrt. Je mehr sich nicht nur die Avantgarde der Physiker und Kosmologen, sondern nach und nach auch die Mehrheit der Wissenschaftler vom mechanistischen, materialistischen und evolutionistischen Denken löst, desto geschärfter wird ihr Sensorium werden für die Aufspürung der musikalischen, rhythmischen, tänzerischen Grundmuster des Universums. Je stärker Wissenschaft nicht mehr nur mit der linken, sondern mit beiden Gehirnhälften betrieben wird, desto selbstverständlicher wird es den Forschern werden, auch das, was sie bisher als „ästhetisch" unter den Tisch fallen ließen, ihrer Aufmerksamkeit für wert zu befinden, ja gerade in diesem Bereich nachzuholen, was in Jahrhunderten mechanistischer Naturbetrachtung *übersehen* worden ist und was – stärker noch als mit den Augen gesehen – mit den Ohren *er-hört* werden kann.

Schon jetzt darf gefolgert werden: Der Gesang und der „*Walzer*" der Wale, die Schall-Linien und -Wellen, welche die singenden Vögel in die Morgenluft werfen, das triumphierende Trompeten der Elefanten, die Muster und Kurven, die bunte Fische in tropische Gewässer zeichnen, sind Modelle: hörbar und sichtbar gewordene Emanationen eines Grundverhaltens des Kosmos, durchscheinend diesseits und jenseits: im Tanz der Photonen und im *Bongo*-Gehämmer, das die Pulsare, Millionen Lichtjahre entfernt, in das Universum trommeln. Überall begegnen wir diesen Modellen. In den Wellen des Meeres, in der Zeichnung der Muscheln und Korallen, in den Symphonien der Menschen. Überall ist Musik und ist Tanz – ist Liebe und Lob – verborgen.

Überall beobachten wir im Sinne Blakes: „Energy is delight." Und im Sinne Heraklits:

„Die verborgene Harmonie
ist mächtiger
als die offensichtliche."

Dichter sprechen von der „Feier des Lebens", der *celebration of life,* dem *festival de la vie.* Wir finden sie so allenthalben, daß gefolgert werden darf: Die Feier ist nicht eine Eigenschaft des Lebens – und schon gar nicht ein Zweck. Sie ist dieses Leben selbst. Auch dies wieder weiß die Sprache, denn es gibt ja – unter der Prämisse der Austauschbarkeit der Vokale – nicht nur den Gleichklang von *loben* und *lieben. Leben* kommt hinzu. Und auch: sich *laben.* Da spüren wir die in den drei Worten verborgene *Lob*-Komponente noch besonders deutlich. Sich *laben* heißt ja nicht bloß: etwas zu sich nehmen, essen, sich sättigen. Wer sich an einer *Speise labt,* der findet sie *lobens*-wert. Noch deutlicher wird das in dem Wort *Labsal.* Das ist etwas zu Preisendes.

Leben ist *loben* ist *lieben* ist sich *laben.* Wo aber bleiben die Mißtöne? Wir sehen doch täglich: Leben ist auch: verdammen – hassen – kotzen. Ist auch Angst, Furcht, Wut, Zorn, Mord, Krieg, Krankheit, Alter, Not, Hunger, Schmerz, Tod . . . – all das „offensichtlich" in genau dem Sinne, in dem Heraklit das Wort gebraucht hat. Indem der „dunkle Grieche" die Offensichtlichkeit der Verborgenheit gegenüberstellte, machte er deutlich: Die Verborgenheit ist „mächtiger" als die Offensichtlichkeit. Steckt also – und das ist es ja, was Heraklit gemeint hat – auch in den Mißtönen Harmonie? Werden an keiner Stelle so unmittelbar wie hier die Grenzen unserer Erkenntnis deutlich?

Wir haben gesehen: Es gibt kein Chaos. Die „Chaos-Forschung" der Kybernetiker kommt zu dem Ergebnis: Was uns als Chaos erscheint, ist auch Ordnung; nur können wir sie als Ordnung – noch? – nicht durchschauen. Wenn die Obertonleiter die einzige wahre und natürliche musikalische Leiter ist, dann bemerke man bitte: Alle Töne gehören zu ihr! Nur kommen die uns harmonisch „er-scheinen-den" (ich gebrauche das optische, die Täuschungsmöglichkeit implizierende

Wort mit Absicht) zuerst; sie sind uns näher. Aber dann kommen auch die weniger harmonischen; sie sind weiter entfernt, aber zur Idee der Obertonleiter gehört es: aufzusteigen auf ihr. Die wenigen, die das wirklich getan haben, haben „verborgene Harmonie" *ent-borgen*. Sie wissen: Nichts ist unharmonisch. Zwar ist die uns nahe Harmonie offensichtlich, aber dafür ist die verborgene mächtiger.

Das ist unsere Aufgabe: *durch-zu-hören* durch die Offensichtlichkeit des Harmonischen, sich damit nicht zufriedenzugeben, Harmonie dort zu finden und dorthin zu tragen, wo wir sie jetzt noch nicht hören können – und nicht sehen, fühlen, schmecken, riechen –, wo sie aber gleichwohl – wie Heraklit uns sagt – verborgen ist. Und darin verborgen ist auch eine gesellschaftliche – und eine politische! – Aufgabe.

Wenn wir diese Aufgabe erfüllen, *ge-horchen* wir. Dann sind wir *ge-hor-sam*; im Hören bei-*sam*-men, im Hören eins, dann *ge-hören* wir dem Sein. Dann: hören wir!

Wenn wir sie nicht erfüllen, dann *hören* wir auf.

Ich habe „Nada Brahma" mit dem 150. Psalm beschlossen. Kaum irgendwo anders in der Weltliteratur ist der Gedanke des Lobgesangs so gewaltig ausgedrückt wie hier. Als ich das Buch „ Das Dritte Ohr" zu schreiben begann, habe ich nicht gewußt – nicht ahnen können –, daß ich auch diesmal – von anderen Fakten und Ausgangspunkten her – zu Lob und Preis finden würde – nicht so geradlinig vielleicht wie in „Nada Brahma", aber in jener Verborgenheit Heraklits, die auch die Verborgenheit der Moderne – unserer heutigen Zeit – ist. Deshalb, so meine ich, gehört an den Schluß eine zeitgenössische Variation des Psalmisten. Am schönsten hat ihn Ernesto Cardenal aus Nicaragua variiert:

Psalm 150

Lobet den Herrn des Kosmos,
das Weltall ist Sein Heiligtum
mit einem Radius von hunderttausend Millionen
Lichtjahren,

Lobt ihn,
den Herrn der Sterne,
und der interstellaren Räume,
Lobt ihn,
den Herrn der Milchstraßen
und der Räume zwischen den Milchstraßen,
Lobt ihn,
den Herrn der Atome
und der Vakuen zwischen den Atomen,
Lobt ihn,
mit Geigen, mit Flöten
und Saxophonen,
Lobt ihn,
mit Klarinetten und Englisch Horn,
mit Waldhörnern und Posaunen,
mit Flügelhörnern und Trompeten,
Lobt ihn,
mit Bratschen und Violoncelli,
mit Klavieren und Pianolen,
Lobt ihn,
mit Blues und Jazz
und Sinfonieorchestern,
mit den Spirituals der Neger
und der Fünften von Beethoven,
mit Gitarren und Xylophonen,
Lobt ihn,
mit Plattenspielern und Tonbändern,
Alles, was atmet,
lobet den Herrn,
jede lebendige Zelle,
Hallelujah!

aus: Das dritte Ohr

XI
Hör-Übungen

1. Urübung

Stelle dich mit leicht gegrätschten Beinen hin – in Socken
oder barfuß. Erde dich. Fühle den Boden unter dir. Stelle in
deinem Bewußtsein eine Verbindung zwischen dir und der
Erde her – selbst wenn du im zehnten Stock eines Hochhau-
ses wohnst.

Wenn du das getan hast, empfinde deinen Schwerpunkt in
deinem Bauch. Dort liegt dein Zentrum. Einatmend breite
die Arme aus und sage innerlich:

Ich bin frei.

Ausatmend führe die Arme nach vorne auf deinen Körper –
die linke Handfläche auf den Bauch, die rechte auf den Herz-
raum – und sage in dir:

Ich bin Liebe und Freude.

In der Stille, die darauf folgt, bevor du wieder einatmen mußt,
spüre in dir, es kaum innerlich aussprechend, in dich hinein-
lauschend:

Ich höre.

Mache diese Übung dreimal, siebenmal, elfmal – oder einfach so oft, wie es für dich stimmt. Mache sie oft. (...)

Mache sie möglichst jedesmal am selben Platz. Zum Beispiel am Fenster (wenn es nicht zu kalt ist, am geöffneten). Ma-

che sie langsam, aber dehne sie nicht künstlich aus. Halte nie in einer der drei Phasen den Atem an, um die betreffende Phase länger zu machen. Lasse den Atem fließen, aber mit der Tendenz, daß jede Phase so lang ist, wie es geht, ohne daß dein Atem stockt.

Du kannst die Übung auch im Meditationssitz machen.

Für viele wirkt sie dann stärker – mehr wie eine intensive Meditation. Probiere das aus.

Senke in der zweiten und dritten Phase *(Ich bin Liebe und Freude* und *Ich höre)* den Kopf, und schließe die Augen. Vielleicht empfindest du Demut, Hinhören auf deine Innere Stimme, die göttliche Stimme in dir.

In der ersten Phase *(Ich bin frei)* kannst du, wenn das für dich stimmt, die Augen offen lassen – und überhaupt ganz weit und geöffnet sein –, als seiest du offen für die Welt und das ganze Universum – in jener Liebe und Freude, die du in der nächsten Phase verinnerlichst.

Auch solltest du, wenn du magst, gelegentlich klären, wovon du frei sein möchtest: von deiner Mutter oder deinem Vater, einem Partner, einem Karma oder einer alten Last, einem früheren Leben, einem Schmerz, einer Enttäuschung, Wut, Zorn, Aggression . . . Du kannst dies in einer Meditation klären – hinhörend auf dich und deine Innere Stimme.

Setze aber von diesen Detail-Anweisungen nur jene um, die für dich stimmen. Das Entscheidende ist die Übung selbst.

Es ist eine Übung, die aus der Sufi-Tradition kommt. Die Sufis arbeiten gern mit zwei oder drei verschiedenen Mantras, die sie „*Wazifas*" nennen – das eine gebrauchen sie beim Ein-, das andere beim Ausatmen, das dritte in der Atempause. Sie verbinden die zwei oder drei *Wazifas* auch gerne mit bestimmten Körperbewegungen – wie Ausbreiten der Arme, Augen öffnen, Augen schließen, Kopf senken. Die drei Sätze, die du in den drei Phasen der Urübung innerlich sagst, ähneln „*Wazifas*" im Sinne der Sufis.

Höre auf, die Urübung zu machen, sobald du sie nicht mehr mit innerem Sinn erfüllen kannst und sie etwas Mechanisches gewinnt. Besser: Setze für ein paar Tage aus, bis du die Übung wieder mit Bewußtheit und Leben füllen kannst.

Zeichne ein Ohr

Dies ist eine besonders schöne Übung, mit der du dein Verhältnis zu deinem Ohr und zum Hören klären kannst. Sie macht viel Spaß, und du kannst dabei – endlich! einmal ganz und gar visuell arbeiten. Sie soll auch ein Ausdruck dessen sein, daß es uns mit den Übungen dieses Buches gewiß nicht darauf ankommt, die Augen zu schließen. Wir wollen *auch* sehender werden. Wir wollen fühlender und lebendiger und liebender werden.

Lege dir einen Zeichenblock und weiche Zeichenstifte in verschiedenen Farben bereit. Dann erforschst du die Beziehung deines Ohres zu den folgenden zwölf Themen (es wird gleich deutlich werden, wie du das tun kannst):

1. zu deinem Partner oder deiner Partnerin
2. zu deiner Mutter und deinem Vater
3. zur Sonne oder zum Mond (oder zum gestirnten Himmel über dir)
4. zu Gott und/oder zum Göttlichen
5. zu einem Baum oder einer Pflanze
6. zu einem Penis
7. zur Idee des Samens, der befruchtet
8. zur Vagina, die empfängt
9. zu einem Haus oder einer Wohnung oder einer Höhle, in der du wohnen kannst
10. zu einem Bett
11. zu einem menschlichen Embryo
12. zu einem Pfeil oder allgemein: zu Aggressivität.

Erforsche diese Beziehungen meditierend. Ganz von allein wirst du – schon nach wenigen Minuten – dazu kommen, daß dir eines oder zwei (oder auch mehr) der vorstehend aufgeführten Themen mehr sagen als die anderen – zum Beispiel die Beziehung zwischen deinem Ohr und deiner Wohnung – oder dem Bett, in dem du schläfst. Vielleicht wächst auch ein Baum aus deinem Ohr, der Blätter trägt, Blüten und Früchte. Oder dein Ohr wird befruchtet – von Samen, die aus dem Baum in seine Höhlung fallen. Vielleicht scheint dir auch dein Ohr besonders wichtig in deiner Beziehung zu deinem Partner/deiner Partnerin. Hörst du ihm/ihr zu? Oder hast du ihn/sie nur „im Auge"? Beobachtest du nur? Oder hörst du ihn/sie bewußt?

Wenn eines oder zwei – oder wenige – der zwölf Themen deutlich in den Vordergrund getreten sind, gehe mit ihnen tiefer in deine Meditation hinein.

Meditiere fünfzehn bis zwanzig Minuten darüber.

Dann nimmst du den vor dir liegenden Zeichenblock und deine Zeichenstifte und zeichnest, was jetzt kommen will. Du hast jede denkbare Freiheit. Du kannst einfach ein Ohr zeichnen, so wie es aussieht – vielleicht an deinem eigenen Kopf oder am Kopf deines Partners. Aber vor allem kannst du zeichnen, wohin deine Meditation dich geführt hat. Das kann soweit gehen, daß das Ohr in deiner Zeichnung überhaupt nicht mehr vorkommt – oder nur noch klein irgendwo am Rande. Es kann sein, daß du einen Baum, das Meer, ein Schiff, ein Herz, eine Höhle, ein Bett, ein Haus, eine Landschaft zeichnest. Oder einfach ein abstraktes Gebilde aus Linien und Kreisen, Formen und Farben.

Wenn deine Zeichnung fertig ist, sieh sie dir sorgfältig an. Meditiere darüber. Wenn sie dir gefällt, hefte sie an einen Platz, an dem du sie häufig siehst.

Wenn sie dir nicht gefällt, überlege, ob du sie nicht trotzdem an die Wand heften willst. Wenn du sie dann öfter siehst, könnte sich für dich ganz von allein klären, ob sie dir vielleicht deshalb nicht gefällt, weil dir dein Verhältnis zu deinem Ohr nicht gefällt oder weil dieses Verhältnis unklar und unsauber ist. Es könnte sein, daß du es mit einem Male vor dir siehst: Dies oder jenes muß anders werden in meinem Verhältnis zum Ohr und zum Hören.

Ein paar Tage später machst du eine ganz ähnliche Zeichenübung noch einmal – aber diesmal ein Auge. Stelle dir dieselben Fragen, stelle die gleichen Beziehungen her, suche dir ein oder zwei Beziehungen, die für deine Vorstellung vom Auge wichtig sind, meditiere über sie, und dann zeichne ein Auge.

Wieder kannst du durchaus ein Bild machen, in dem das Auge nur ganz klein oder nur am Rande vorkommt, während die Beziehungen, Vorstellungen, Dinge, die dir im Zusammenhang mit deinem Auge und dem Sehen wichtig erscheinen, den Großteil deines Bildes füllen. Mache diese Übung analog zu der oben beschriebenen Übung des Ohrbildes.

Dann vergleiche beide Bilder. Tue das in der Meditation.

Hefte dir auch das Augenbild an einen Platz, an dem du es für einige Zeit häufig siehst. Vergleiche weiterhin Ohren- und Augenbild. Wenn dir im Laufe der Zeit deutlich wird, daß eines der Bilder unvollständig ist, ist es sinnvoll, daß du es vervollständigst. Allerdings solltest du für deine Vervollständigungen unter keinen Umständen vom Radiergummi Gebrauch machen, zeichne die Bilder einfach „weiter", wenn dir das notwendig erscheint. Sei nicht „im Kopf", wenn du Zusätze, Änderungen, Vervollständigungen in deine Bilder einzeichnest. Tue dies in der gleichen meditativen Haltung, in der du die Bilder ursprünglich gezeichnet hast.

Lasse beide Bilder zu dir „sprechen". Lasse sie in dir „arbeiten". Mache dir bewußt, was da in dir arbeitet.

Wiederhole die Übung in ein paar Monaten. Stelle auf diese Weise fest, ob und inwiefern sich dein Verhältnis zum Ohr verändert hat.

Anregung: Maria Hippius
aus: Ich höre – also bin ich

Nur keine Wände zwischen uns und Gott

Nur keine Wände zwischen uns und Gott! –
Doch sei behutsam, reiß sie nicht gleich ein.
Gott ist ein Lauschender.
Ihr Stürzen könnte Ihn vertreiben.

Durchstrahle die Wände,
durchströme sie,
Laß sie verfliegen wie ein Duft,
verklingen wie einen Ton.

Und dann?
Gott steht vor Dir,
wie ich und er und sie.
Was sagst Du?
Tust Du?
Wie bestehst Du?
Wie erträgst Du Ihn?

Laß fließen mit den Wänden auch Dich
    selbst.
Wie eine Wolke –
weiß und weich
und eine Form, die Dir gefällt:
ein Tier, ein Berg, die Brüste einer Frau –
in Bläue, in den Himmel aufgelöst.

So Du:
Hinübersterbend
lang vor Deinem Tod
als ein Lebendiger
ganz wach, ganz leicht und licht,
hinübersterbend über jene Stelle,
wo eben noch die Wand,
die schwarze Mauer zwischen Gott und
    Dir
sich brüstete,
als ende dort die Welt.
Sie endet nicht –
noch Du.

aus: Laß den Fluß strömen

Quellennachweis

Der eine Ton, aus: Joachim-Ernst Berendt, Geschichten wie Edelsteine. Parabeln, Legenden, Erfahrungen aus alter und neuer Zeit, © Kösel Verlag, München 1996, 46–47

Die Legenden und Mythen der Völker haben es immer schon gewußt . . ., aus: ders., Nada Brahma. Die Welt ist Klang, Rowohlt Taschenbuch Verlag GmbH (rororo transformation), Reinbek 1985 (17.-26. Tsd.), © 1983 by Insel Verlag, Frankfurt/M., 224–234

„Bevor wir die Musik machen . . .“, aus: ders., Nada Brahma. Die Welt ist Klang, Rowohlt Taschenbuch Verlag GmbH (rororo transformation), Reinbek 1985 (17.–26. Tsd.), © 1983 by Insel Verlag, Frankfurt/M., 74–97

Ich höre – also bin ich, aus: ders., Ich höre – also bin ich. Hör-Übungen, Hör-Gedanken, Goldmann Verlag, © 1989 by Hermann Bauer KG, Freiburg i. Br. 1989, 12–46

Weltmusik und Welt-Musik, aus: ders., Das Leben – ein Klang. Wege zwischen Jazz und Nada Brahma, Knaur München 1996, © 1996 by Droemersche Verlagsanstalt, München, 338–347

Musikalische Orte, aus: ders., Das Leben – ein Klang. Wege zwischen Jazz und Nada Brahma. Knaur München 1996, © 1996 by Droemersche Verlagsanstalt, München, 467–471

Lieben Sie Brahms?, aus: ders., Es gibt keinen Weg. Nur Gehen. Sein in der Natur, © 1999 by www.Zweitausendeins.de, Frankfurt/M., 2. Aufl. 2000, 215–225

Orpheus, aus: ders., Hinübergehen. Das Wunder des Spätwerks. Das Buch zur Musik, Zweitausendeins, Frankfurt/M. 1998 (3. Aufl.), © 1993 by Network Medien GmbH, Frankfurt/M., 116–120

Musik als Opfer, aus: ders., Hinübergehen. Das Wunder des Spätwerks. Das Buch zur Musik, Zweitausendeins, Frankfurt/M. 1998 (3. Aufl.), © 1993 by Network Medien GmbH, Frankfurt/M., 130–133

Musik überschreitet, aus: ders., Das Dritte Ohr. Vom Hören der Welt, Rowohlt Taschenbuch 1988, © 1985 by Rowohlt Verlag GmbH, Reinbek, 316–325

Lobsingend wachsen!, aus: ders., Das Dritte Ohr. Vom Hören der Welt, Rowohlt Taschenbuch 1988, © 1985 by Rowohlt Verlag GmbH, Reinbek, 368–389

Hör-Übungen, aus: ders., Ich höre – also bin ich. Hör-Übungen Hör-Gedanken, Goldmann Verlag, © 1989 by Hermann Bauer KG, Freiburg i. Br. 1989, 90–92 u. 233–235

Nur keine Wände . . ., aus: ders., Laß den Fluß strömen, © Verlag Alf Lüchow, Freiburg i. Br. 1995, 27–28

Anmerkung des Verlages:
Wir danken den Verlagen und Rechteinhabern für die Erteilung der Abdruckgenehmigungen. Honoraransprüche bleiben bestehen, falls es bei einigen Texten trotz gründlicher Recherche nicht möglich war, die Inhaber der Rechte ausfindig zu machen.

Hören auf das, was wichtig ist

Stephen Karcher
I Ching – Das Buch der Wandlungen
Das Geheimnis der Selbstverwirklichung
Band 5515
Das I Ching bietet Imulse, sich selbst und seine Möglichkeiten besser zu verstehen, neue Perspektiven zu gewinnen und Kräfte zu mobilisieren.

Anthony de Mello
Gib deiner Seele Zeit
Inspirationen für jeden Tag
Band 4984
Inspirationen, die nach innen führen und jedem Tag mehr Tiefe und mehr Leben geben. Mit ausgesuchten Schmuckvignetten.

Anselm Grün
Herzensruhe
Im Einklang mit sich selber sein
Band 4925
Leistung und äußerlicher Wohlstand allein können nicht bringen, wonach sich Menschen wirklich sehnen: innere Ruhe und Seelenfrieden. Der moderne Seelenführer zu einem tieferen Leben.

John Callanan
Meditieren mit Anthony de Mello
Übungen und Inspirationen
Band 4789
Gewißheit ist weder in Ideen noch in äußeren Traditionen zu finden. Man muß sie im Leben und in der Stille suchen. Ein spiritueller Weg, zum Eigentlichen zu gelangen.

HERDER spektrum

Peter Wild
Finde die Stille
Spiritualität im Alltag - Ein Übungsbuch
Band 4818
Dieses Übungsbuch zeigt, welche Schritte zu tun sind, um die
innere Stille täglich zu erleben. Für Anfänger und Fortgeschrittene.

Daniela Tausch-Flammer/Lis Bickel
Jeder Tag ist kostbar
Endlichkeit erfahren – intensiver leben
Band 5522
Die Autorinnen laden ein, auch im Alltag die Tiefe, Fülle und Schönheit
des Lebens zu spüren. Übungen für eine neue Lebensperspektive.

Mahatma Gandhi
Quellen des inneren Friedens
Worte für einen Freund
Band 5029
Menschlich warme und tiefe Gedanken zu den großen Themen des
Lebens, die am Anfang dieses Jahrhunderts neue Bedeutung gewinnen.

Verena Kast
Sich wandeln und sich neu entdecken
Band 4905
Leben heißt: wachsen und sich neu entwickeln. Ein Aufbruch zu
neuer Lebensleidenschaft.

Wilhelm Freund
Jeder Traum hat seinen Sinn
Logotherapeutisches Traumverstehen
Band 4635
Träume weisen auch nach vorne: In ihnen kann sich die Lösung eines
Problems zeigen oder ausweglos scheinende Umstände können neu
erhellt werden. Ein unverzichtbares Traumbuch für alle, die dem Sinn
ihres Lebens auf der Spur sind.

HERDER spektrum